Was war mit ...

Onre Relham

Was war mit...

Prinzessin Diana

Kaiserin Soraya

Julia Nixon – Eisenhower

und den Ministern & Promis

Dazu: Viele Sportgeschichten!

Impressum

Bibliografische Information der Deutschen Nationalbibliothek:
Die Deutsche Nationalbibliothek verzeichnet diese Publikation in der Deutschen Nationalbibliografie; detaillierte bibliografische Daten sind im Internet über http://dnb.dnb.de abrufbar.

Grafik: Olga_Angelloz/ Plam Petrov/ Shutterstock.com
Umschlaggestaltung, Herstellung und Verlag: BoD – Books on Demand, Norderstedt

ISBN: 978-3-7578-2620-8

Gewidmet

Gisela,

den lieben Kindern

und den tollen Enkeln

Dieses Buch basiert auf wahren Begebenheiten, wenn auch manche Termine nicht genau hintereinander liegen. Die beschriebenen Personen können mit ihren Eigenarten ein wenig anders gewesen sein, doch ihr Verhalten entspricht der damaligen Situation.

Der Text des Buches erschöpft sich nicht nur in einer besonderen Schilderung von realen Personen und Geschehnissen, sondern besitzt eine zweite Ebene, hinter der realistischen Ebene.

„Am Sonntag kommt Vati, dann gehen wir alle mit ihm im „Kaiser- Wilhelm-Park" spazieren"! Eigentlich kannte ich den Vater nicht, er war ja im Reichsarbeitsdient, (RAD), und immer als Oberfeldwebel gefragt. Und da kam er: Ein großer Mann in seiner schicken Uniform; an seiner rechten Seite baumelte ein silberner Säbel, der schaukelte bei jedem seiner Schritte. Mutti hatte ihr schickes, buntes Sommerkleid angezogen und wir vier Kinder waren in gefärbter Fallschirmseide gehüllt. Viele Spaziergänger grüßten uns und unsere Mutter und die Oma sprachen auch mit vielen Bekannten.

Damals muss ich 5 Jahre jung gewesen sein. In meiner Erinnerung war dies die zweite Begegnung mit Vati. Einige Zeit vorher waren wir im kleinen Ort Morbach auf dem Hunsrück gewesen und hatten in einer Soldatenbaracke des Reichsarbeitsdienstes übernachtet, weil dort der RAD seinen Standort hatte. Nur an diese beiden Begegnungen mit dem Vater kann ich mich noch erinnern; damals, als der 2. Weltkrieg noch nicht begonnen hatte. Zum dritten Male sah ich den Vater dann erst viele Jahre später, 20 Meter entfernt hinter dem Stacheldrahtzaun des „Rheinwiesenlagers", in Remagen.

Hier hatten die siegreichen amerikanischen Soldaten bei Kriegsende im Mai 1945, die besiegten deutschen Soldaten als Gefangene, auf freiem Feld; es waren dort durchnässe Ackerflächen, in Schach gehalten. An manchen Tagen lagen, hockten oder saßen bis zu 160.000 Gefangene bei Grade um den Gefrierpunkt in und auf der nassen Erde. Es gab mehrere Rheinwiesenlager der Amis im Rheinland, an der Nahe und noch anderswo. Als der Krieg in diesem damaligen kalten Tagen und Nächten im Mai 1945 zu Ende ging, war es besonders nachts furchtbar kalt. Viele der deutschen Soldaten hatten dazu keine Winterkleidung an. Manche der deutschen

Gefangenen sah man nur in einem Hemd dort sitzen oder liegen.

In ihrer Verzweiflung hatten die Gefangenen sich mit nasser Erde beklebt, um nicht noch mehr zu frieren. So haben viele der geschwächten deutschen Soldaten die kalten Nächte und Tage nicht lebend überstanden. Die gestorbenen Männer wurden in ihre Heimatorte überführt, wenn sie am Halse ihre alte Soldatenmarke noch trugen, dort war ja die Heimatanschrift drauf vermerkt. Wer keine solche Marke mehr trug, wurde unter der Bewachung der Amerikaner, von den deutschen Kollegen, im nahegelegenen Ort beerdigt.

Wir, die vier Kinder unseres Vaters und unserer Mutter standen vor dem Zaun und riefen immer wieder im gemeinsamen Chor: „Vati – Vati!" „Wer ist euer Vati?" riefen die deutschen Soldaten aus dem Lager zurück. „Es ist der Oberfeldwebel Ernst R. vom RAD!" Wie ein Lauffeuer hatten die Soldaten im Lager von Mann zu Mann diese Bitte weitergebrüllt, bis ins Innere des Rheinwiesenlagers. Und tatsächlich, nach ca. einer halben Stunde stand unser Vater als Gefangener, 20 m vor uns entfernt, am Zaun.

Wir hatten für ihn und seine Kameraden ein Brot mitgebracht und wollten es ihm zuwerfen. Dort die US – Soldaten erlaubten es uns nicht. Wir sollten es auf einen ca. 3 m hohen Berg von anderen Broten werfen, weil sie diese Nahrung alle auf eingeschmuggelte Pistolen oder Zangen für eine Ausbruch erst kontrollieren wollten.

Da stand er nun. Außer einer kleinen Handbewegung von ihm, hatte er für uns vier Kinder kein einziges Wort übrig. Er hätte doch rufen können: „Wartet, wartet, bald bin ich wieder bei euch!" Doch das tat er nicht und beachtete uns Kinder überhaupt nicht. Er rief nur unserer Mutter zu: „Hilde, hast du Zigaretten?" Die antworte: „Ernst, nein, tut mir leid, habe leider keine!

Die beiden Eltern riefen sich noch ein oder zwei Sätze zu, dann drehte sich unser Vater uns Kindern und seiner Ehefrau, seinen Rücken zu, ohne uns zu weiter zu beachten und stampfte zurück ins Gefangenlager, er drehte sich auch keinmal mehr zu uns Kindern um. Für unsere Mutter muss diese Begegnung grauenhaft gewesen sein, wie wahrscheinlich auch für meine zwei Jahre älteren Geschwistermädels auch. Nur ich empfand das alles nicht so schlimm wie sicherlich auch mein noch jüngerer Bruder. Wir waren dazu sicherlich noch zu jung, dieses traurige Erlebnis zu verstehen.

Nach dem früheren Spaziergang mit der ganzen Familie vor Jahren im Park 1942, als unser Vater mit seiner Uniform und seinem Säbel sich damals mächtig ins Zeug gelegt hatte, war dies jetzt 1945, die dritte Begegnung mit dem Vater. Und von da an hatten wir unseren Vater nicht mehr gesehen. Die deutschen Gefangenen aus dem Rheinwiesenlager wurden später in Viehwaggons von den Amis nach Bremerhaven befördert und von dort mit vielen Schiffen über den Atlantik nach Amerika transportiert. Aber die Amerikaner wollten die deutschen Soldatengefangenen auch nicht und haben sie wieder zurück nach England transportiert, auch hier waren sie unerwünscht und die Fahrt ging zurück nach Bremerhaven. Von hier ging es dann mit den deutschen Soldaten wieder in ihre Heimatorte, zu ihren Familien. Doch unser Vater fand den Weg nicht zu uns zurück, hatte er vorher eine andere Frau kennengelert gehabt und fuhr zu ihr. Fast ein ganzes Jahrzehnt wollte er sich von unserer Mutter gerichtlich scheidenlassen, doch viele Widersprüche verhinderten die Auflösung der Ehe.

Ca. 20 Jahre später, Ende der 50er Jahre, spielte ich als Teilnehmer beim Mittelmosel- Wildbadtennisturnier in

Traben-Trarbach mit und war bis ins Endspiel vorgedrungen. Wir hatten dort aber keine Ballkinder und mussten uns die Bälle selbst aus den Ecken suchen und aufheben. Bei einem solchen Versuch, ich hatte gerade den Ball aufgehoben, zuckte ich furchtbar zusammen. Da stand der Vater mir gegenüber, nur durch den Zaun getrennt und wir schauten uns einander sehr erschreckt an. Weil wir uns im Aussehen sehr ähnlich waren, war erkannte ich ihn sofort. „Können wir miteinander sprechen", fragte er mich.

Ja, stotterte ich zu ihm, später, habe einen Matchball, in diesem Moment war ich mehr als erschreckt. Da stand der Mann, der Mutter und uns Kinder verlassen hatte und uns in jeder Hinsicht vernachlässig hatte. Was wollte er?

Nach dem Händedruck am Netz mit meinem Tennisgegner Heinz Ganz aus Trier, dort war er Meister im Tennis und Rudern gewesen, setzten wir uns sehr verlegen im Tennishäuschen zusammen.

Kühl und sehr peinlich berührt saßen wir uns gegenüber.

„Brauchst du was"? fragte der Vater. Ich schüttelte nur den Kopf. Er wiederholte immer wieder diesen Satz. Nein, nein sagte ich nur. Er redete unentwegt auf mich ein. Die Situation war so peinlich.

Ich stammelte nur immer wieder, nein, ich brauche nichts.

„Brauchst du Geld oder einen Anzug?" Dies stieß er immer wieder heraus. Ich verneinte immer wieder, wollte ich doch von ihm nichts annehmen, weil er sich viele Jahre um nicht um uns gekümmert hatte. Und dann fasste ich mir ein Herz und fragte ihn unverblümt: „Warum hast du Mutti und uns vier Kinder im Stich gelassen, warum nur?" Und unser Vater antwortete nur: „Dies wirst du einmal verstehen, wenn du erwachsen bist." Doch ich war in diesem Moment ja schon 20 Jahre alt.

An die Mutter ist die Erinnerung eine ganz andere. Da stehe ich mit 4 Jahren im kleinen Ställchen in der Küche und halte mich an den Stäben fest, lächele die Mutti an und sie streichelt mir liebevoll über den Kopf. Viel gesagt hat sie eigentlich nie, aber dafür drückte sie mich oft einfach an sich. Heutzutage sind die Kinder viel mehr auf Zack, sie werden von ihren Eltern auch einfach mehr gefordert. Dazu kommen die vielen heimliche Erzieher wie zum Beispiel die „Sendung mit der Maus" und viele andere. Heutzutage wächst eine ganz andere Kindergeneration heran. Heute reden die Kinder schon in ganz jungen Jahren so, als hätten sie schon die Schule - den Beruf oder schon ein Studium erfolgreich bestanden. Oft erlebt man, wie kleine Kinder im Fernsehen oder im Radio perfekt die tollsten Erklärungen abgeben und Erlebnisse erklären können. Das war zu unserer Zeit, damals, bei weitem nicht so.

1943/44 wurden wir oft durch einen schrillen „Luftalarm", auch in den Nächten, aus unseren Betten geholt. Die Mutter und die Oma drückten uns unsere Kopfkissen in die kleinen Ärmchen. Nun hieß es, die Treppen hinab, über den Hof, in unseren 16 Stufen tiefgelegenen Keller zu hetzen. Das extreme Sirengeheul paarte sich mit unseren Blicken in den oft hell erleuchteten Nachthimmel mit dem tiefen Brummen der US - Flugzeugen, in oft in 4er Reihe flogen und ihre tödliche Bombenlast in deutschen Städten wie auch Berlin, Dresden, Hannover oder Leipzig, abwerfen sollten. Dies hat ja bekanntlich für viele Tote und viel Leid gesorgt.

In unserem alten, tiefliegenden Weinkeller, hatten wir für die Nachbarschaft und für uns, Strohbetten vorbereitet. Immer wenn es nötig war, mussten wir in den Keller, wir Kinder schliefen dann dort direkt wieder ein. Im Nachhinein erinnere ich mich, ca. 30 Personen waren dann viele Tage und Nächten, auf dieses Notquartier angewiesen. Wenn dann in der Nähe unserer Notunterkunft Bomben gefallen waren, was oft vorkam, hörten wir nicht nur das Krachen, auch die schweren Luftschutztüren zitterten und wir natürlich auch. Die ca. 4 m dicke Bruchsteindecke hätte uns sicherlich geschützt, wenn eine damalige 25 Zentnerbombe, auf unser Haus gefallen wäre.

In einer anderen Nacht wackelte die Kellerwand zum Nachbarhaus. Wir hörten ein Hämmern, ein Höllenlärm war zu hören. Dumpfe Schläge ohne Unterlass, wir wussten nicht was das war.

Der Opa hatte für sich ein Stemmeisen geholt und schlug ohne Unterlass von unserer Seite gegen die Wand. Bald hatte er den ersten Bruchstein aus der Wand geholt, dann plötzlich war es zum Durchbruch der Kellerwand gekommen. Zuerst kam weißer Rauch und viel Staub, alle mussten plötzlich husten, Schreie waren zu hören und dann wurde durch die geschlagene Öffnung in der Wand ein kleines, kurz zuvor im Nachbarkeller geborenes Baby, durch dieses Loch, dem Opa gereicht. Eine Rakete war zuvor im Nachbarhaus eingeschlagen. Nach und nach kamen durch das erst ca. 50 cm große Loch, nachdem es immer ein wenig größer geworden war, elf Nachbarsleute, zu uns in unseren Keller. Wir hörten auch die Bombeneinschläge, auch wenn diese weiter von uns eingeschlagen hatten. Immer näher kamen und stärker waren die schlimmen Geräusche für uns. Gleich sind die Amis da, dies dachten plötzlich alle im Keller und bangten um das Leben.

Dann kamen sie tatsächlich uns immer näher. Wir hatten alle sehr große Angst. Von der etwas höher liegenden Grafschaft schlugen die Granaten jetzt immer öfters in unserer Nachbarschaft ein. Die deutsche Gegenwehr gab es kaum noch. Die 15 und 16jährigen deutschen „Kriegshelfer" waren total unterlegen und machtlos.

Am 8. Mai 1945 endete dann der „zweite Weltkrieg". Als die Waffen endlich schwiegen, waren mehr als 60 Millionen tot.

Das „tausendjährige Nazi Reich" versank in einem Meer aus Blut und Tränen. Gefallen an der Front, ermordet in den Konzentrationslagern, verbrannt in den Bombennächten, gestorben an Hunger, Kälte und Gewalt auf der großen Flucht. Als die Welt erfuhr, was in deutschem Namen nicht nur in den Lagern des Regimes geschehen war, kehrte sich der Zorn gegen Hitlers ganzes Volk.

Vorher waren alte deutsche Männer zum sogenannten „Volkssturm" eingezogen worden. Die Kinder der „Hitlerjugend" wurden mit Panzerfäusten auf die Straßen geschickt. An vielen Orten wurden zahlreiche Menschen noch als Verräter hingerichtet. Bis zum Schluss fällten Standgerichte von Wehrmacht und SS tausende Todesurteile gegen deutsche Soldaten und Zivilisten. Am 21. April erreicht die Sowjetarmee die Stadtgrenze von Berlin, erst am 2. Mai 1945 ist der Kampf in Berlin zu Ende.

Als die Amerikaner unsere Stadt am 8. Mai erreicht hatten, war ich als 8jähriger auf sehr laute Motorgeräusche und Geknatter aufmerksam geworden. Gerade hatte ich den Schutzkeller verlassen und rannte durch das große Hoftor auf unsere Straße. In diesem Moment sah ich von der Hauptstraße einen riesigen Panzer in unsere Straße einbiegen. Mit seinem vorderen langen Geschützrohr schwenkte er krass in die großen Schaufensterscheiben von „Witsche-Mädchen", einem Textilgeschäft. Die Amis wollten sehen, ob sich in diesem Haus deutschen Heckenschützen versteckt hatten. Ich raste aufgeregt zurück in unseren Schutzkeller: „Sie kommen", rief ich aufgeregt. „Die Amis kommen, sie sind vor unserem Haus!" Der Opa verrammelte nochmals die dicke Kellertür. Zwei Minuten später klopften Gewehrläufe gegen diese Tür.

„Make open!" Mehrere GI durchsuchten mit ihren Gewehren im Anschlag und nahmen drei deutsche Soldaten fest, die sich unter unseren Strohbetten versteckt hatten. Die deutschen Soldaten mussten ihre Hände hinter ihren Kopf legen, dann wurden sie abgeführt und vor dem alten Rathaus und dem „Hotel Kaiserhof", mit anderen Gefangenen gesammelt. Von hieraus mussten sie, begleitet von den US – Soldaten mit ihren Gewehren, den Weg in das ca. 12 km entfernte Rheinwiesen-Gefangenenlager gehen. Es mögen ca. 50 deutsche Gefangene gewesen sein, die dort abgeführt worden waren. Als neugieriger 8jähriger Junge ging ich ca. 200 m hinter den Gefangenen her, wollte sehen, was passierte.

Dann aber schnell zurück in unseren Schutzkeller. Nun bestand ja keine Gefahr mehr durch abgeworfene Bomben und einschlagende Raketen. Eine große Erleichterung hatten wir alle von uns plötzlich erfahren. Der Krieg war ja jetzt beendet. Alle Nachbarn bezogen wieder ihre Häuser. Der schlimme Krieg war plötzlich verschwunden. Weiße Flaggen, Betttücher hingen aus den Fenstern, Deutschland hatte sich ergeben. Die Amerikaner verlangten von uns, dass wir das Parterre unseres Hauses räumten und nach oben zogen auf die 1. Etage zogen. Sie nahmen die unteren Räume für ihr Sanitätswesen in Beschlag. Ein Funkwagen stand dann auch vor unserem Haus und wir hörten Tag und Nacht ein „tü-tü-tü" ihrer Funkanlagen. Nun wurden in unseren früheren Räumen viele der US – Boys verarztet. Oben auf der ersten Etage hatten Mutti und ihre Freundin Sofie, Schränke vor die verrammelte Zimmertür gestellt, sie hatten Angst vor einer etwaigen Vergewaltigung, was aber nie eine Gefahr war. Wir neugierigen naiven Kinder schlichen um die stets freundlichen US Soldaten herum und bekamen von ihnen sehr oft Schokolade, so etwas kannten wir nicht, aber schmeckte wunderbar. Werner, ein Nachbarsjunge, hatte von seiner

Mutter gesagt bekommen, er solle immer sagen: „Have you wash?"

Viele der angesprochenen US Boys holten dann ihre gebrauchte Wäsche, und nach einigen Stunden gab es dann für die Reinigung, eine Unmenge von Schokolade für uns Kinder. Immer mehr von uns Kinder machten es dem Werners nach.

Am nächsten Tag sahen wir den Soldaten zu, wie sie in unserer Straße eiförmige Footballbälle warfen, wir konnten nicht genug davon sehen. Alles war für uns so neu und so interessant. Die Amerikaner hatten sich sehr rücksichtsvoll um uns Kriegsverliererkinder gekümmert. Es wurde aus unserem früheren Wohnzimmer nichts entwendet, bis auf drei Wärmehaltekannen für Kaffee oder Tee. Dafür waren jedoch an dieser Stelle ein ganzes Körbchen voller „Butterfinger – Schokolade" hinterlegt worden. Wir Kinder waren happy. Butterfinger und Mars, das war so toll. Später erlebten wir jedoch einen anderen Amerikaner, der in unserer Toilettenschüssel etwas Obst abwaschen wollte. Er hatte nicht gewusst, dass diese Einrichtung für andere Zwecke gedacht war. Er hatte jedoch auf den Wasserabzug gedrückt und sein Obst war mit großem Geräusch weggespült worden. Er war so wütend, schrie, nahm seine Maschinenpistole und zerstörte die ganze Toilettenschüssel mit seinem wilden Schießen. Da war es ihm bekanntlich wohler.

Die US Armee hatten 23 sogenannte Rheinwiesenlager für die Millionen deutscher Soldaten errichtet. Von Büderich, Rheinberg, Wickrathberg, Remagen, Sinzig, Siershahn, Andernach, Urmitz, Plaidt/Miesenheim, Diez, Koblenz, Heidesheim am Rhein, Hechtsheim, Bingen-Dietersheim, Mainz-Zahlbach, Winzenheim/Bretzenheim, Biebelsheim, Planig, Bad Kreuznach, Ludwigshafen-Rheingönheim, Böhl-Iggelheim, Heilbronn I und II.

Hundertausende deutsche Wehrmachtssoldaten waren in Gefangenschaft geraten. Im Anschluss an die deutsche Kapitulation befanden sich 3,4 Millionen Menschen in US – Gewahrsam. 40.000 US – Soldaten vom 106. Infanterie, bewachten die deutschen Soldaten.

Nun war das Kriegsende allgemein eine schwere Zeit. Die Leute hatten in den Städten kaum oder nichts zu essen. In den umliegenden Dörfern hatten die Bewohner meist Bauern, immer noch eine Lösung. Sie haben manchmal geschlachtet und haben sich auch untereinander leichter mit Brot helfen können. Die sog. Städter waren da wirklich schlimmer dran und hungerten ohne Unterlass.

Es war damals die berühmte „Mangelzeit" entstanden. Fast alles, was nicht niet- und nagelfest war, wurden gegen Nahrungsmittel eingetauscht. Unsere Mutter ging oft alleine in ein Nachbardorf und tauschte bei den Landwirten fast alles um, was wir im Hause hatten, nur um uns am Leben zu halten. Was nicht nagelfest war, wurde zum Tauschobjekt.

Zuerst wurde ein altes Volksempfängerradio, dann eine zerstörte Gitarre, Bilder, Teppiche als Tauschgut, zu den Landwirten gebracht, alles nur, um zu überleben. Auch hatte die Mutter oben auf dem Speicher den Holzboden herausgerissen und in den Ofen gesteckt, damit wir Kinder nicht erfrieren sollten. Da bestand aber noch eine Gefahr, als wir oben dann auf dem Speicher auf den leergefegten Querbalken herumturnten, dass wir durch die dünne Decke, nach unten in das Schlafzimmer, fallen konnten.

Heute im Nachhinein kann man es kaum verstehen, auf welche Ideen die hungernden Menschen gekommen waren.

Unsere Mutter hatte bei einem Winzer 6 Flaschen Wein gegen einige unserer schönen Möbel eingetauscht. Dann nahm sie mich einmal mit zu so einer Mangeltauschfahrt mit dem Zug nach Kleve in die „Elefanten – Schuhfirma", der Wein sollte gegen genagelte Arbeitsschuhe getauscht werden. Nun war so eine Eisenbahnfahrt damals ein sehr gefährliches Unterfangen. Einige Fahrgäste kletterten einfach, weil der Zug oft überfüllt war, einfach auf die Dächer der Waggons, Mutter und ich standen auf den langen Einstiegsbretter, die es damals an den Zügen gab. Meine Mutter hielte sich mit beiden kalten Händen an den Einstiegsgriffen fest, derweil sie mich mit ihrem Körper vor einem Absturz vom Zug schützte. Manche Bürger hatten für sich Kartoffeln in Säcken verpackt, organisiert. Auch die lagen auf den Trittbrettern des Zuges, bewacht von ihren Besitzern mit ihren Beinen. In den engen Eisenbahnkurven zwischen Oberwinter und Rolandseck mussten die Züge immer, bis heute, sehr langsam fahren. Dort lagen Räuber und rissen mit Fleischerhaken, die Kartoffelsäcke einfach von den Trittbrettern der Züge. Das war schon sehr lebensgefährlich für die Leute, die auf den Trittbrettern des fahrenden Zuges standen.

Schon am ersten Umsteigepunkt in Remagen, nahm die Bahnpolizei, meiner Mutter, schon die erste Flasche von den 6 Flaschen, die sie hatte, einfach fort, am Kölner Hauptbahnhof musste sie den Zollbeamten, eine weitere Flasche abgeben. So war das damals.

Mit den restlichen 4 Flaschen Rotwein gab es in der Elefantenschuhfabrik doch noch zwei Paar Arbeitsschuhe mit genagelter Sohle. Da war im ganzen Land eine Beschaffung durch Tausch entstanden, die man „Mangelzeit" nannte und die eigentlich schon an Normalität grenzte.

Der Kölner Kardinal Josef Frings hatte im Dom, in seiner Predigt an Sylvester, gesagt: „In der schlimmsten Not" dürften sich die Menschen auch einmal etwas „besorgen". Dies war für viele Menschen ein „Freibrief", der „Mundraub", war erlaubt worden. Dieses Wort gilt bis heute und heißt: „Fringsen"! Kartoffeln/Kohlenklauen war nicht mehr so schlimm.

Die Menschen haben es nach Ende des 2. Weltkrieges hier sehr schwer gehabt. Die Städte waren Trümmerwüsten. Über 2,25 Millionen sind zerstört. 2,5 Millionen sind beschädigt. Die Menschen hausten in Keller, Trümmerwohnungen und Baracken. Ihr Leben ist von einem täglichen Überlebenskampf gezeichnet. Die breite Masse der Menschen wohnt in großer Armut.

Die Nachkriegszeit war geprägt vom Bemühen, staatliche Ordnung und die nötige Infrastruktur neu aufzubauen oder wiederherzustellen und die entstandenen Schäden zu beheben. Diese Jahre waren für die meisten Menschen von Hunger und Knappheit an Gütern aller Art geprägt. Doch in vielen Menschen wuchs ein ganz großer Optimismus. Sie schauten hoffnungsvoll in die kommende Zukunft.

Die ersten Geschäfte wurden eröffnet, oft mehr als bescheiden. Die damals eingeführte „freie Marktwirtschaft" stellte sich als großer Erfolg heraus. Immer mehr Menschen machten Handel, hatten Ideen und plötzlich war für viele Menschen neuer Mut und Schwung entstanden. Der neue Wirtschaftsminister Prof. Ludwig Erhard hatte diese Wirtschaftsform angeordnet. Je freier die Wirtschaft, um so sozialer ist sie. Dies war sein Credo. Langsam aber sicher erholte sich nun die Wirtschaft und die meisten Menschen merkten, es geht jetzt ständig aufwärts und es stellte sich etwas Zufriedenheit und immer mehr Hoffnung ein.

Irgendwie war man an dem bunten, fröhlichen neuen Leben angetan. Die Sorgen, Ängste und Nöte des jetzt vergangenen 2. Weltkrieges wichen jetzt dem aufkommenden neuen Lebensstil. Neue, unbekannte Jazz – Musik, ältere nannten es einfach nur Krach, ertönten jetzt aus den neu entwickelten Radios überall und unentwegt. Die ganze Umwelt schien daran Freude zu haben. Es waren eigentlich bescheidene Aufbaujahre jetzt, jedoch nach all den Sorgen, Leid und den vielen zerstörten Häusern, nach den Trümmerstätten überall, nun schien jetzt eine neue Zeit angebrochen zu sein. Nun hatten einige Menschen schon die ersten knallbunten Söckchen an, die ersten hellen Kreppsohlen an den Schuhen wurden gesehen, nach dem grau in den vergangenen Kriegsjahren war das alles so neu und großartig. Das alles gefiel den Menschen sehr.

Der Sohn des Apothekers der Adler – Apotheke, war jetzt ein modischer Blickfang, nicht nur für die jüngere Generation, nein, alle, ob jung oder älter, allen gefiel die neue bunte Mode, wunderbar. Aus der grauen Kriegszeit mit all dem Leid und der Armut war die jetzige Zeit so wunderbar, alle hofften immer mehr auf den Aufschwung, für Jedermann. Und jetzt tat sich überall im Lande etwas. Neue Berufe entstanden und neue Geschäfte wurden immer mehr eröffnet. Alle Bürger merkten, jetzt geht es aufwärts.

Doch nicht allen Bürgern ging es so schnell aufwärts. Vielerorts war die Not doch sehr groß. Wer kein geregeltes Einkommen hatte musste sich finanziell sehr strecken. Wenn die Mutter uns Kinder zum Einkaufen schickte, dann sollten wir nicht ein halbes Pfund Kaffee mitbringen, dann war ein 16 Pfund Kaffee gemeint. Das war uns sehr peinlich. Auch wenn uns die Oma bat, für den Ofen etwas Briketts einzukaufen, dann war das keinen halben Zentner, nein, es waren nur einige Stück von den Briketts gemeint. Auch wenn wir der Verkäuferin sagen sollten, bitte schreiben sie es auf, tat dieses auch sehr weh; und manchmal bekamen wir überhaupt nichts.

Die Aufbruchstimmung war wohl da, doch in vielen einzelnen Familien kam die neue Zeit noch nicht an. Das letzte Geld ging oft nur für ein wenig Nahrung drauf.

Wir Kinder spielten oft mit „Pfosfor" und „Kabitt". Dieses farblose brennbare Gas explodierte mit Luft furchtbar. Wir hatten so eine Mischung in Flaschen gefüllt,

dann uns schnell hinter eine Hoftür gestellt oder wir sind weggelaufen. Wenn die Flasche explodierte, Glassplitter waren keine mehr zu finden. Das hätte oft für uns ganz schlimm enden können. Auch haben wir Flaschen oder andere Behälter mit Pfosfor und Kabitt in die Ahr geworfen. Nach der dortigen Explosion schwammen die toten Fische mit dem Bauch nach oben. Das war mehr als dumm von uns Kinder gewesen.

Im Kurort waren nach dem 2. Weltkrieg viele Hotels noch ohne Belegschaft und noch nicht offiziell eröffnet. Die Türen standen oft offen und spielten in diesen Häusern nach Herzenslust, wir fuhren mit den Aufzügen rauf und runter. Keiner störte uns oder verwies uns aus dem Hause. Auch mit den Rollschuhen flitzten wir durch die Gänge und hatten unseren Spaß. Die ersten Zigaretten oder auch „Alpenveilchen" wurden ausprobiert.

Die Aufbruchstimmung war allgegenwärtig, bei den Kindern und auch bei den Erwachsenen. Es gab da auch den Wunsch, nicht nur immer satt zu werden, nein, es sollte auch immer etwas unternommen werden. Die VW – Autos hatten erst nur einen Auspuff, mit jedem Jahr wurde alles ein wenig mehr verbessert. Die Ingenieure in den Fabriken waren immer erfinderischer. Mit einem riesigen „Wirtschafts-Wiederaufbau-Programm", dem sogenannten „Marschallplan" des amerikanischen Außenminister Georg C. Marschall, kamen viele große Mengen an Rohstoffen,

Lebensmitteln, Konsumgüter und besonders technische Erzeugnisse, in der deutschen Industrie, jetzt an.

Die amerikanische Militärregierung organisierte die Verteilung von den soggenannten „Care – Paketen", die jeweils größere Mengen an Lebensmitteln für die deutsche Bevölkerung enthielten. Wenn in der Schule Care-Pakete verteilt wurden, gab es für die Schülerinnen und Schüler oft die tollsten Überraschungen. Buntstifte und kleines Spielzeug waren oft unverhoffte Geschenke für uns Kinder. Jeden Tag in der Woche gab es auch in der großen Pause eine Schulspeise. Montags gab es oft eine Tafel Schokolade für jeden von uns, an Dienstagen waren Suppen angesagt, die jedoch nicht bei allen Kindern gut ankamen. So gab es jeden Tag etwas anderes, was die allgemeine Not aber sehr linderte.

Die Winterzeit 1947, die als Hungerzeit in die Geschichte einging, brachte bei aller Freude über das Ende des Krieges, auch kriminelle Energien zum Vorschein. Güterzüge mit Kohle wurden überfallen und bestohlen. Die Rheinschifffahrt war wegen Treibeisbildung eingestellt worden, was wiederum die Kohlentransporte reduzierte.

Die Menschen waren aber nicht nur hungrig nach Brot, sondern auch für Freude und Kultur. Wir Kinder freuten uns, weil wir wieder auf den Straßen Fußball oder Rollschuhlaufen spielen konnten.

Es gab auch vereinzelt jetzt neue bunte Bälle oder auch Rollschuhe konnten erstanden werden, die wir mit Gummiringen an den Füßen hielten.

Das Leben in Deutschland schwankte zwischen kleinen Erfolgen und Rückschlägen. Die Zuversicht bei uns Kindern war riesengroß, wurden wir auch jetzt öfters richtig satt und die Freude über neue Bälle oder andere schöne Dinge machten uns glücklich. Den Überblick über das ganze Leben geht den jungen Heranwachsenden doch noch ab.

An einem Karfreitag in diesen Jahren wollten einige von den Nachbarskindern in das 40 km entfernte Bonn radeln. Wir hatten im Hof unseres Hauses auch ein Fahrrad stehen, was heutzutage kaum als ein solches erkannt würde. Es fehlten die Lampen vorne und hinten, hatte keine Klingel, die Vorbremse fehlte, keinen Kettenschutz, an einem Pedal fehlte bis auf einen Stift alles, was dazu gehörte. Man rutschte beim Treten immer wieder ab. Aber nach 3 bis 4 Stunden waren wir in der Beethovenstadt angekommen. Mitten in Bonn, in der Sandkaul, war die ganze Straße mit Glasscherben überhäuft. Wir Kinder hatten Angst vor einem platten Reifen, trugen deshalb unsere Räder mit letzter Kraft auf den Schultern. Dann brach aber noch mehr Unheil über uns herein. Aus vielen Hauseingänge kamen kräftige Kinder und Jugendliche, die uns alle gründlich verhauten.

Für viele Menschen in Deutschland war der Hunger noch nicht ganz besiegt. Aber wenigstens war die Kälte vorbei.

Es war der heißeste Mai des 20. Jahrhunderts verzeichnet worden. Das dezimierte den Kohlenklau. Dafür musste das Vorgebirge bei Köln von der Militärregierung zum Schutzgebiet erklärt werden, wegen der vielen Gemüsediebstähle. Der Hunger war auch ein Grund dafür, dass in mehreren deutschen Städten die Bürger in einen Streik getreten waren. Aber es ging peu á peu immer etwas mehr aufwärts.

In dieser Zeit gingen wir als Kinder oft aus dem Haus und die Eltern wussten nicht, wo wir waren. Wir spielten auf der Straße und kamen erst heim, wenn es dunkel geworden war.

Wir zankten uns untereinander, und die Eltern blieben ruhig. Kein Mensch verklagte den anderen, wenn einem das Gebaren des anderen nicht gefiel.

Das wieder mit Leben erfüllte Vereinsleben lockte viele von uns in die Sportvereine. Ob Turnverein, Fußball- oder Hockey- und Tennisclubs, alle hatten einen großen Zulauf. Die Jugend spielt doch in der Regel so gerne.

Auf dem Schulhof wurde in einem schmalen Gässchen, neben der Kirche, in jeder Pause, Fußball gespielt.

Onkel Heribert hatte mich schon als 8jährigen mit auf den Hockeyplatz genommen. Dort mussten wir alle, die Erwachsenen und wir Kinder, erst eine Stunde vor dem Training, die kleinen Steinchen von dem Sandplatz einsammeln.

Auch mussten die Bälle in einem Topf mit weißer Farbe getaucht werden, damit man diese auf dem Platz besser sehen konnte. Die Erwachsenen hatten nach dem Training manchmal einen Kasten Bier zum Genießen, wir Kinder mussten dagegen die Tore wieder zurück auf einen Stellplatz tragen.

Da dieser Hockey- und Tennisplatz auch viele Plätze mit dem roten Sand und den Netzen hatte, lernten wir gleichzeitig die beiden Sportarten, nebeneinander. Schon als im Mai 1945, der 2. Weltkrieg war gerade vorbei gegangen, hatte mein kleiner Bruder Mario und ich, mit normalen Frühstückbrettchen, in einem 8 Meter tiefen Bombenkrater auf dem Platz 1, Tennis gespielt; wenn man das so nennen dürfte. Die Bomber der Alliierten hatten vormals mit ihren Bomben, nicht das Clubhaus getroffen, sondern nur den Tennispatz Nr. 1. Vielleicht wollte der Bomberpilot auch kein Haus treffen, um Menschen zu schonen.

Die Tennisplätze befinden sich heute noch in einem schönen Park. Zuerst hatten damals die amerikanischen

Soldaten sich dort getummelt und Tennis gespielt. Auch sie müssen Freude gehabt haben, dass der grausame Krieg endlich vorbei war.

Nachdem die US – Boys Ende 1945 abgezogen waren, übernahmen französische Soldaten unsere Tennisanlage. Nach dem zweiten Weltkrieg wurde Deutschland unter den

Vier Siegermächten, (Frankreich, Großbritannien, USA und Sowjetunion), in vier Besatzungszonen, aufgeteilt. Diese Aufteilung wurde bei der Konferenz von Teheran, der Konferenz von Jalta und der Konferenz in Potsdam, beschlossen. Die russische Besatzungszone wurde später zur Deutschen Demokratischen Republik, (DDR), die drei westlichen Zonen, die von Amerika, England und Frankreich besetzt wurden, vereinigten sich zur Bundesrepublik Deutschland, (BRD). Wir Kinder waren sehr traurig über den Wechsel der Amerikaner zu den Franzosen unserer Tennisanlage, gab es doch von den Franzosen keine Schokolade. Die USA – Boys und ihre laute Musik, das hatte uns doch sehr gefallen. Die Franzosen waren nicht die großzügige und heitere Besatzungsmacht wie die Amis, sondern sie hatten stets nur strenge auf Vorschriften verwiesen.

Die französische Besatzungsmacht reklamierten dann den ganzen Lennépark, mit dem Clubhaus und allen Tennisplätzen, für sich und eröffneten dort auch ihren Exerzierplatz, für ihre Soldaten. Dazu organisierten sie dort Tennisturniere, allein nur für ihre Soldaten und Angehörigen.

Ab 1947 erlaubten die „Hohe Kommissare", sie hatte die Militär-Gouverneure abgelöst, dem 1920 gegründeten Club erlaubt, wieder selbst ihr Clubleben zu führen.

Obwohl ich nicht zu den besten Schülern gehörte, wollte meine Mutter mich und die Geschwister, uns auf das Gymnasium haben. Das wollen fast alle Eltern, doch als das eingeführte Schulgeld von 20,-- Reichsmark je Kind, aufzubringen war und auch meine beiden Schwestern schon länger auf ihrer Oberschule waren, gab es plötzlich für uns drei Kinder nur noch den Weg, zurück in die Volksschule. Das war peinlich und schmerzhaft, jedoch die Mutter und die Oma waren mit ihrer kleinen Kurpension nicht in der Lage, so viel Schulgeld aufzubringen. Aber der große Trost war, jetzt Freude zu haben beim Hockey- und Tennisclub, dort mitmachen zu können. Der Onkel Heribert, er spielte dort selbst, hatte mich dort angemeldet. So begann eine neue Zeit für mich, die mein späteres Leben sehr beeinflusst hatte. Es war damals Vorschrift, ganz in weißem Dress zu spielen. So wurde ein Unterhemdchen zum weißen Tennishemdchen, die Schuhe mussten auch ganz weiß sein. Der Vorstand hatte dies alles beschlossen und verlangt. So wurde aus der Not heraus etwas Tafelkreide aus der Schule konfisziert, weil das Geld für „Schuhweiß" nicht da war; es auch kaum zubekommen war. Wir aber durften nur in ganz in weißer Kleidung auf die Plätze.

Auch der Clubbeitrag von 5,-- Reichsmark war für die alleinstehende Mutter unerschwinglich, so musste man diesen Betrag im Club abarbeiten. Da musste man im Wald etwas Holz sammeln, damit das Clubhaus geheizt werden konnte oder im Büro durfte man die Briefe zukleben, frankieren und zur Post bringen.

Schon 1949 wurde wieder ein größeres „Internationales Tennisturnier" ausgetragen. Gute Spielerinnen und Spieler waren damals schon aus vielen Ländern gekommen. Die Spielbank im Ort, die Kurverwaltung, alle wollten bei solchen Veranstaltungen dabei sein und für ihre Häuser werben. Da ergab es sich, dass z. B. „die letzten 16 vom Turnier in Wimbledon" eingeladen worden waren und tatsächlich auch größtenteils kamen. Das war gut für den Kurort und ihre

Werbung. Der frühere deutsche Tennismeister Gustav Jaenecke, auch selbst 1937 Deutscher Tennismeister geworden und mit dem Freiherr Gottfried von Cramm ebenfalls Sieger im Herrendoppel, hatten an dem Turnierstart bei uns großen Anteil. Da ergab es sich auch, Rod Laver gewann 1961 das Turnier von Wimbledon und einen Sonntag später das Turnier an der Ahr.

Jahre zuvor, 1951 waren auch viele internationale Tennisstars bei unserem Turnier im Einsatz. Die Turniersieger damals waren bei den Herren, Mister Tony Mottram aus England und bei den Damen seine Ehefrau, Lizzy Mottram. Dazu gewann die beiden von der britischen Insel gemeinsam auch das Mixed. Wir Kinder und Jugendliche waren als Turnierhelfer eingesetzt und hatten alle unsere Aufgaben. Wir bewunderten ihre Leistungen sehr, sie waren regelrechte Idole für uns, 4 Tage Turnierdauer, diese Zeit war für uns eine ganz großartige. Am Sonntagnachmittag waren die Endspiele gewesen, wir waren traurig, weil unsere Vorbilder dann abgereist waren.

Am nächsten Morgen nach dem Endspieltag am Sonntag, hatte ich als 14jähriger Junge einen Ferienjob bei einer Baufirma angenommen. Schon am Morgen um 6 Uhr mussten wir auf einem offenen Lastwagen, es war regnerisch und kalt, ca. 80 km nach Burgen an der Mosel, gefahren werden, um dort die Straßendecke neu zu teeren.

Ab 8 Uhr dort wurde ich als „Schilderdreher" eingesetzt. Bei „rot" mussten die Fahrzeuge halten, wenn ich mein Schild auf „grün" drehte, durften sie wieder weiterfahren. Ca. 400m weiter entfernt stand der andere Verkehrslenker und machte seine Vorgaben entsprechend andersherum.

So passierte etwas Unvorhergesehenes: Das Ehepaar Mottram, am Vortag unser Tennisturnier gewonnen, war auf der Fahrt nach Trier. Sie hatten dort auch beim dortigen bekannten Trierer - Grenzlandturnier, (Deutschland-Luxemburg), gemeldet und galten auch dort als Favoriten. Die Autobahn 48, Koblenz nach Trier, die gab es noch nicht. So mussten alle Leute stets die wunderbare Moselstraße mit den schönen Winzerorten passieren, wenn sie nach Trier wollten. So auch sicherlich die beiden Tennisstars auch England mit ihrem Namen Mottram. Diese müssen diese Fahrt doch auch sehr genossen haben.

Schon von weiter Entfernung hatte ich ihren vornehmen Oldtimer erkannt. Es fuhren damals nur ganz wenige Autos auf der Moselstraße. Vier Tage vorher hatte das Luxusgefährt doch auf unserer Tennisanlage gestanden und war von mir, und allen anderen Leuten, mächtig bestaunt worden. Ganz langsam kam mir nun näher. Mir blieb das Herz fast stehen, als ich mein Verkehrsschild auf „rot" gestellt hatte. Ich nahm allen Mut zusammen und trat an ihr Auto heran. „Good morning, Mrs. and Mr. Mottram," und machte eine ganz tiefe Verbeugung. Entgeistert und mit ganz großen Augen sahen sie mich an. Sicherlich hatten diese englischen Tenniskanonen so eine Begrüßung nicht erwarten können. Morgens auf einer einsamen und fremden Landstraße in Germany. Kilometerweit kein Haus, nur Straßenarbeiter, die eine Straße teerten. Wie konnte jemand sie erkennen, wer sie waren? Sie waren doch nur vor vielen Jahren einmal beim Hamburger „Turnier am Rothenbaum" gewesen. Es gab doch noch kein Fernsehen. Wie konnte ein schmächtig aussehender Junge, in einfachen Klamotten, sie erkennen und wissen, wer sie waren? Immer wieder lächelten sie mich mit aufgerissenen Augen an. Sie starrten nach oben zur Autodecke und fanden keine Erklärung für dieses Rätsel. Das ich Tage vorher sie, 4 Tage stets vor mir hatte, sie als Turnierhelfer mitbetreute, auf dies konnte sicherlich kein Mensch kommen. Damals galt der Tennissport doch als so, dass ein kleiner junger Straßenbauschilderdreher, nicht in dieses Milieu passte.

Bei ihrer Weiterfahrt, ich hatte das Schild jetzt auf „grün" gedreht, drehten sie sich immer wieder nach mir um. Dies konnte ich aus dem großen Rückfenster ersehen. Sie waren schon ca. 150 m weit gefahren, als Frau Mottram ihre Hand aus dem Seitenfenster hielte und eine Apfelsine fallen ließ. Ich rannte schnell dort hin und hob die süße Frucht auf, dann schenkte sie dem jungen Straßenarbeiter noch ein Winken mit einem flüchtigen Küsschen dazu. Sicherlich hatten die beiden Engländer immer wieder nachgedacht, wie diese Geschichte passieren konnte.

In unserem „Heilbad" begann wieder eine große neue Zeitrechnung. War die Zeit um die Jahre des Aufbaues von 1860, 1870, 1880, 1890 mit Fürsten und Prinzen vorbei, so war die jetzige Zeit auch eine ganz besondere. Die Hotels, Kliniken, Ferienhäuser hatten sich gründlich vorbreitet. Tausende Kurgäste und Spielbankbesucher kamen in Scharen, die Spielbank hatte den größten Umsatz im Lande mit Baden-Baden oder Wiesbaden. Die Badeärzte hatten wieder ihre großartige Zeit und verdienten gut. Die Kurverwaltung war auf Zack. Die Abteilung Werbung hatte jede Woche entweder eine Oper, Operette oder ein Schauspiel mit den Bühnen von Köln, Koblenz, Hamburg auf ihrem Programm. Alltäglich gab es im Kurgarten ein Kurkonzert am Morgen, am Mittag und ein Abendkonzert. Mit 36 Musikern war das Kurorchester eines der stärksten Orchester des Landes. Später wurde aus diesem Ensemble, das bekannte Rheinland-Pfälzische Sinfonie Orchester Koblenz/Mainz.

An jeden Montagabend gab es immer wieder besondere Blaskonzerte im Kurort, die Kurkapelle hatte ja ihren Ruhetag. Die die Erwachsenen und auch für die Kinder und Jugendlichen war das immer etwas besondere Tolles. Es war auch der Montagsabend, des Flirtens im Ort, wie das auch in südlichen Ländern wie Italien und Spanien heute noch üblich ist. Es war die tollste Zeit des Aufschwunges nach dem 2. Weltkrieg. Die Stadtverwaltung und die Kurverwaltung veranstalteten immer wieder tolle Unterhaltungsabend für die tausenden von Kurgästen.

Im damaligen großen Kurtheatersaal gaben sich die Showmaster die berühmte Klinke in die Hand. Die Fernsehgrößen, die Showstars wie Peter Frankenfeld, („Vergiss-mein-nicht"), Hans-Joachim Kuhlenkamp, (Der große Wurf"), Vico Torriani, („Der goldene Schuss"), Wim Thoeke, („Wum"), Robert Lemke, „Was bin ich?", Lou van Burg, „Spiel ohne Grenzen", Hans Rosenthal, „Rätzel", Alfred Biolek, „Befragungen", Rudi Carell, „Lass Dich überraschen", damit verdienten sich die prominenten Künstler sich ein Zubrot in unserem Ort. Als jugendlicher Einheimischer waren wir oft gefragt, als Kandidaten dort mit aufzutreten. Wir brauchten dafür keinen Eintritt bezahlen, mussten aber sehr oft über uns lachen lassen. Es war eine heitere und so unbeschwerte Zeit. Kurzweil ohne Unterlass. So ergab es sich, dass man mit dem im ganzen Land bekannten Showmasters zusammen auf der Bühne stand und sich in deren Ruhm sonnte. Nach dem gemeinsamen Bühnenauftritt saß man später noch bei einem Getränk zusammen und es kam auch zu einem persönlichen Gespräch. Verschiedentlich kam es auch zu einem gemeinsamen Tennisspiel am nächsten Tag. (H.J. Kuhlenkamp/E. Balder).

Unsere kleine Kurpension war ja die einzige Einnahmequelle für uns. So versuchten wir Jugendliche und Kinder, irgendwie ein wenig Geld mitzuverdienen. Die sehr scharfen Jugend- und Kinderschutzgesetze gab es ja noch nicht und mancher kleine Unternehmer stellte auch für Stunden Helfer ein.

In einem Baugeschäft musste ich mit einem Freund, Ziegelsteine von altem Mörtel befreien. Bauhandschuhe waren noch ziemlich unbekannt. Wer keine Hornhaut an den Fingern und Handflächen hatte, dem schmerzten die Hände, am Abend, gewaltig, auch schon, wenn jemand einem die Steine zugeworfen hatte. Einmal musste ich als 14jähriger Helfer, einen Behälter mit flüssigem Zement, auf einer Leiter, eine sehr hohe Leiter hinaufsteigen, dabei schwappte mir die Flüssigkeit bis in die Ohren. Dabei bekam ich noch von einem Vorarbeiter schlimme Schimpfwörter nachgerufen.

An einem weiteren Tag bei dieser Baufirma stieß mich ein anderer Bauarbeiter rückwärts vom Baugerüst mit den Worten: „Dein Vater hat mich im Reichsarbeitsdienst schikaniert, dass hast du jetzt davon!" Gott sei Dank landete ich zufällig nach dem 3 m Sturz rückwärts, auf einem großen Sandberg, so blieb ich wohl weinend, aber von äußeren Verletzungen, verschont.

So war es eigentlich nur ein Zufall, in unserem Kurort aufgewachsenen zu sein, wo so viel schöne und angenehme Dinge passierten, wo viele Prominente auftauchten, beim Bundespresseball oder dem „Madame-Ball", dazu gab es regelmäßig auf den vielseitigen und auch prächtigen

Sportanlagen, tolle Veranstaltungen. Das sorgte für ein interessantes Leben.

Schon 1949 waren ja die ersten „Internationen Tennismeisterschaften" bei uns im Ort, durchgeführt worden. Damals waren schon viele internationale Größen gekommen. Ob aus China, Japan und Australien, wie auch aus Amerika, alles sorgte für viel Glanz und Glitzer. Uns junge Menschen bedeutete das nach den schlimmen Kriegsjahren sehr viel.

In der „Casino – Bar" traten, immer wieder monatlich wechseln, die besten damaligen Musikbands, auf. Das war in ganz Deutschland etwas ganz Besonderes. Drei junge Musiker hatten nach ihrem Abitur in Regensburg eine Band gegründet, nannten sich „Die NILSEN – BROTHERS" und einer ihrer Hits: „Aber dich gibt es nur einmal für mich". wurde ein Erfolgsschlager im ganzen Land. Abends spielte die Band vor Gästen aus ganz Deutschland, morgens kamen Walter, Gerd und Pepi zu uns auf die Tennisanlage zur Entspannung. An manchen Tagen reisten sie morgens mit dem Flugzeug, zur Funkausstellung nach Berlin, um abends wieder in der „Casino-Bar", aufzuspielen.

Viele Gäste aus ganz Deutschland, und auch aus den Nachbarländern wie aus den Niederlanden, Belgien oder Luxemburg, kamen auch in die vormals berühmte „Spielbank", um ihr Glück zu versuchen und am Abend in der „Casino – Bar" sich zu entspannen, und die „Nilsen –Brothers" zu hören. Dazu war auch bei den monatlich wechseln Elite – Musikbands, jeden Freitagabend, ein weiterer internationaler

Schlagerstar, ein weiterer toller Höhepunkt, für die Gäste vorhanden. Unsere neuen Freunde vom Tennisplatz, die „Nilsen – Brothers", lockten uns auch abends in die Casinobar. Mit einem Glas „Sekt-Orange" für 2,50 DM blieben wir die ganze Nacht dort sitzen, wenn das auch der dortigen Bedienung nicht gefallen haben konnte. Wenn wir auch manchmal nicht mehr bestellen konnten, ließ uns der Oberkellner Baumgarten doch gewähren und ohne weiteren Verzehr sitzen.

Eines Abends war die ehemalige persische Kaiserin Soraya, mit ihrer Mutter, Gast in der „Casino – Bar". Die Ehe mit dem persischen Kaiser Mohammad Reza Pahlavi, war aufgelöst worden, weil ein Junge aus dieser Ehe nicht entstanden war.

Die „schöne Kaiserin" und ihr Ehemann, „der Kaiser mit den traurigen Augen", waren nach ihrer Scheidung zum Lieblingspaar der Boulevardblätter avanciert worden. Die nun Ex – Kaiserin erhielt als Abfindung eine Leibrente in Höhe von 17 Millionen, wertvollen Schmuck und den Ehrentitel, Prinzessin. Sie kaufte sich eine Villa in Marbella und lässt sie rosa anstreichen. Sie lebte danach in Rom, Köln und München. Die Presse dichtete ihr eine Affäre mit Gunter Sachs, (1932 – 2011) oder mit Aristoteles Onassis (1906 – 1975), an. Die Kaiserin Soraya war eine gutaussehende und kluge Frau. Durch ihre Internatsaufenthalte in der Schweiz und England sprach sie perfekt Deutsch, Persisch (Farsi), Englisch und Französisch und hatte sich zu einer bildschönen jungen Frau mit einem ausdrucksvollen Gesicht und smaragdgrünen Augen entwickelt. 2001 stirbt die Ex – Kaiserin Soraya mal mit nur 69 Jahren. Ihre Putzfrau findet sie tot auf dem Boden ihrer Pariser Wohnung. Zur Trauerfeier versammeln sich 400 Trauergäste. Darunter auch der Bruder des Schahs, Gholam Resa Pahlavi. Mitte November 2001 wird die Urne von Ex –

Kaiserin Soraya auf dem Westfriedhof von München im Familiengrab Esfandiary – Bakhtiarys beerdigt.

Und gerade diese Ex – Kaiserin Soraya sitzt mit ihrer Mutter, beide waren gerade aus ihrer Wohnung in Köln angereist, in der legendären „Casino – Bar". Mit der Band der „Nilsen – Brothers" war gerade eine angemessene fröhliche Stimmung entstanden und auf der kleinen Tanzfläche der schicken Bar bewegten sich die sehr gut gekleideten Gäste. Wir schauten immer wieder auf die Tanzpaare und genossen die heitere, fröhliche Stimmung. Zu dieser Zeit waren wir auch in Anzügen gekleidet, das war so üblich, besonders in guten Bars.

Nur zwei Damen, die Ex – Kaiserin Soraya mit ihrer Mutter, sie waren sicherlich aus ihrer Kölner Wohnung gekommen, sprachen unentwegt an ihrem kleinen, barocken Tisch miteinander. Das ging so den langen, heiteren und besinnlichen Abend, lange so zu.

Was macht man nur, wenn man in einer guten Tanzschule war und gelernt hatte, wie man sich doch herzensgut und vornehm zu verhalten hat? So hatte man doch gelernt höflich zu sein und auch mit allen einmal zu tanzen, wenn man dazu eine Gelegenheit hat, und keinen Menschen alleine, so einfach sitzen zu lassen.

Das muss wohl in meinem Kopf gewesen sein als ich aufstand, zu dem Tisch der Kaiserin Soraya ging, mich verbeugte und erst die Mutter zum Tanze aufforderte/bat. Obwohl ich mit einer Abfuhr gerechnet hatte, stand die Mutter auf und wir tanzten flott drei Musikstücke. Bei der nächsten Tanzrunde wagte ich mich wieder an den Tisch von Mutter und Tochter Soraya. Auch die Kaiserin Soraya gab mir keinen Korb und wir tanzten auch fröhlich diese Tanzrunde. Heute denke ich immer wieder, wie war das nur möglich? Sicherlich war mir „kaiserliches, gutes Entgegenkommen", passiert, entgegengekommen.

Tanzen war auch für mich eine längere Zeit angesagt. Da gab es Discotheken mit durchsichtigen Glastanzflächen und Telefone an jedem Tisch. Da wurde dort immer wild telefoniert und um den nächsten Tanz gebeten. An einem Freitagabend gingen wir Freunde in die neuerrichtete Berolina – Tanzbar. Das ganze Lokal brodelte nur so von den jungen, erwartungsfrohen Teenegerinnen und Teenagern. Die Stimmung war prachtvoll und es wurde um die Wette geflirtet, wo immer man hinsah. Die neue amerikanische Musikausrichtung der 1950er und frühen 1960er Jahre, sowie das damit verbundene Lebensgefühl, ließen unsere Herzen und Empfindungen höherschlagen.

Meine Tanzpartnerin war auch überglücklich und fragte mich, ob wir unsere neue Freundschaft nicht vertiefen sollten und auch am nächsten Tag bzw., dann am Sonntag, wieder uns hier in der Berolina treffen sollten. Obwohl ich dieses Vorhaben eigentlich auch wollte, dachte ich in diesem Moment an meine Hockeymannschaft, für den Samstag, und auch, an meine Tennismannschaft am Sonntag. Diese Teams durfte und wollte ich auch nicht im Stich lassen. So sagte ich meiner Tanzpartnerin ab. Dafür hatte sie aber kein Verständnis. Dir ist Sport lieber als mit mir auszugehen und sie war stocksauer. Wir haben uns dann lieber nicht mehr gesehen. So war es mal.

Der Sport war für mich sehr wichtig. Nach der Schule oder nach dem Dienst wurde trainiert, immer mehr Wettkämpfe standen an. Es wurde an kleineren, mittleren und größeren Wettbewerben teilgenommen. Wir fuhren Berlin, München, Hamburg oder auch in die Nachbarländer Belgien, Holland,

Frankreich. Der Freundeskreis im Sport wurde immer größer. Manchmal hatte man auch einen Gegner, der wirklich richtig bekannt war. Da war man auch ein wenig stolz, gegen ihn oder gegen die tolle Mannschaft hatte antreten können und auch spielen dürfen. Da entstanden Freundschaften, die lebenslang bestanden blieben. Mal war ein Gegner der Meister von ganz Südamerika, mal traf man auch Rod Laver, den die ganze Welt kennt. Wilhelm Bungert und Dr. Christian Kuhnke hatten 1970 das Daviscup-Finale gegen Australien in Cleveland in den USA gewonnen. Da sonnt man sich ein wenig selbst, wenn man sie trifft und gegen diese Größen spielen darf. Bei der Durchführung von WM, EM, Länderspielen, hat man auch mit politischen Leuten, mit der Presse und auch Goldmedaillengewinnern, Weltmeistern, dann zu tun. Das wird auch manchmal gar nicht mehr bemerkt.

Einen beruflichen Wechsel ergab sich, als die Aufnahmeprüfung an der Deutschen Sporthochschule Köln bestanden worden war, das bisher das Leben bestimmt hatte. Junge aufgeschlossene Menschen, die den ganzen Tag im Trainingsanzug und Sporttrikots im Hörsaal, in den Sporthallen, auf den Sportplätzen und in den Hörsälen sich tummelten, machten allgemein ein fröhliches Völkchen aus. Allgemein sagt man ja, ein Sportstudium ist eine anstrengende, aber eine angenehme Sache.

Bei der Einweihung der neuen DSHS Köln waren viele Bundes- und Landesfürsten angereist, doch eine kirchliche Einweihung war nicht vorgesehen worden. Als früherer St. Georg Pfadfinger war es für mich unverständlich, dass niemand von den Kirchen eingeladen worden war

So rief ich nach dem vergangenen Wochenende beim Kölner Bischofsamt an und wurde sogar bis zum amtierenden Erzbischof Kardinal Joseph Fringst telefonisch weiterverbunden. Auf meine Frage, warum niemand bei der Einweihung antwortet war, antwortete seine Eminenz, sie wären nicht eingeladen gewesen. Da war ich überrascht, der Kardinal antwortete mir noch dazu: „Bei meiner nächsten Messe im Kölner Dom segne ich die Neubauten, Hörsäle und Sporthallen der Kölner DSHS von hier, mein Segen wird vom Dom bis zur Sporthochschule, durch alle Wände gehen!"

Da wiederum das Geld für mich während meines neuen Studiums weiterhin sehr knapp war, hatte ich mich bei den Bühnen der Stadt Köln als Komparse um eine Anstellung bemüht. Ich musste ja eine Stelle am Abend finden, der Tag war ja mit Vorlesungen und Sport total ausgefüllt. Die Theaterbühnen lehnten mich erst ab, ich sei ja nicht von der Musikhochschule, aber sie bräuchten noch zwei „Sargträger", bei verschiedenen Aufführungen. So durfte ich dann doch bei manchen Theaterstücken, Opern und Operetten, sowie Schauspielen, dabei sein. Der Stundenlohn war gering. Oft ging es am Abend bis nach 22,30 Uhr. Eine Deutsche Mark, DM, bekam man für eine Probe, 2 DM gab es für eine richtige Aufführung am Abend, manchmal auch am Nachmittag, und für das „Schminken" werden" bei der Aufführung, ebenfalls eine Deutsche Mark, gegeben.

Bei einer Aufführung der romantischen Oper in drei Aufzügen von Carl Maria von Weber, op. 77, am 22. November 1963, trat am Ende der Abendveranstaltung der Intendant vor den heruntergelassenen Vorhang und verkündete: „Eben ist der amerikanische Präsident John F. Kennedy, durch ein

Attentat, ums Leben, gekommen. Mehr konnte er nicht sagen. Es hatte in diesem Moment einen fürchterlichen Aufschrei in der Oper gegeben, mit einem richtigen Tumult. Viele Besucher weinten und umarmten sich. Der Theatersaal war in ganz kurzer Zeit geräumt gewesen, die Leute hetzten nach Hause. Alle weinten und auch ich konnte meine Tränen nicht aufhalten und rannte die 6,6 km vom Theater bis zur Sporthochschule in einem langen Sprint. Auch dort weinten die Studentinnen und Studenten bis in die Nacht hinein. John F. Kennedy war damals eine „Lichtgestalt" am Himmel der Politiker. JFK war nicht nur ein Politiker, sondern eine besondere Größe und ein Popstar der Politik. Bis heute ist das Attentat auf ihn nicht abschließend aufgeklärt. Der Tod fand ihn bei einer Fahrt im offenen Wagen in Dallas/Texas. Viele Dokumente um den Mörder Osswald, sind bis heute immer noch nicht veröffentlich. Einige Dokumente bleiben weiterhin unter Verschluss, 53.000 Dokumente wurden bisher freigegeben. Tausende bleiben weiterhin geheim. Auch der jetzige US Präsident verschob bis heute die Veröffentlichung der weiteren Dokumente, um keinen Schaden für die militärische Verteidigung, Geheimdienstoperationen, Polizeiarbeit oder Außenpolitik anzurichten.

In einer anderen Aufführung als Komparse, gar in einer Premiere an der Kölner Oper, dem Bühnenweihfestspiel „Parsifal" von Richard Wagner, am Karfreitag 1961, hatte ich eigentlich eine Menge Glück, um auf der Bühne keinen größeren Fehler gemacht zu haben; der hätte mehr als peinlich sein können. Vorausgegangen war, dass 7 von 12 Chorherren in der letzten Woche sehr krank geworden waren. Die Aufregung war sehr groß, stand doch die angesagte Premiere vor der Tür. So musste ich in das Kostüm eines der Chorherren schlüpfen und mit meinen Mundbewegungen und

Bewegungen mein Singen vortäuschen. Zum Glück hatte ich an den Übungsvortagen des Chores aus den Kulissen heraus vieles mir angesehen können und hatte die Szenen im Kopf. Dazu wird man vom Chorleiter und dem Dirigenten in viele Feinheiten eingeweiht.

Mit 12 Gralshüter mussten wir die Bühne betreten, beten, knien, wieder aufstehen und dabei singen, gehen, staunen und wieder auf die Knie gehen.   Dann kam von oben, der Theaterdecke, in einer übergroßen Taube der heilige Geist hinab zu uns Gralshütern. Wir sangen ungefähr: „Alljährig naht dann vom Himmel der heilige Geist, um uns neu zu stärken seine Wunderkraft; Es heißt der Gral, und selig reinster Glaube – erteilt durch ihn sich seine Ritterschaft!"

Das Erscheinen der Taube war sakrosankt, das Erscheinen gehörte ganz wichtig in diese Geschichte.

Da ich damals sehr gläubig war und mich in der Rolle selbst wiederfand, sah ich plötzlich in der vom Himmel, der Bühnendecke, herabschwebende zwei Meter große Taube, wirklich den „Heiligen Geist." In diesem Moment war ich in einem Tran, nicht selbst bei mir. Meine Augen waren starr auf die ganz langsam herunterschwebende Taube gerichtet, die Hände und Arme immer länger zum Gebet gefaltet und auf den „heiligen Geist" gerichtet. Als die Taube fast den Bühnenboden erreicht hatte, sollten wir 12 Chorherren geschlossen aufstehen und die Bühne mit ruhigem Schritt verlassen. Dies hatten dann die 11 Chorherren jetzt getan, währenddessen ich noch „abgedriftet" war und immer noch knieen auf die Taube starrte. Plötzlich kam ich wieder zu Besinnung, merkte, meine Chorherrenkollegen waren schon von der Bühne verschwunden und ich hetzte dann als letzter, mit einem sehr großen Abstand, hinter ihnen her.

Ich wusste sofort, ich hatte einen großen Fehler gemacht und dachte schon ans kommende Donnerwetter. Hatte ich diese Premiere mit meinem Fehler geschmissen? Doch wie ein Wunder: Die junge Spielleiterin und viele andere Bühnenbedienstete zeigten mir hinter dem seitlichen Bühnenvorhang ihren hocherhobenen Daumen und nickend mir schmunzeln zu. Hatte mein „Abdriften" zufällig gut in diese Spielszene gepasst. Nach der 4,5 Stunden langer „Parsifal" – Aufführung war ich auch ein wenig stolz, an einer Premiere mitgewirkt zu haben. In meinem Übermut hatte ich mich danach umgezogen, jedoch nicht abgeschminkt und das Kölner Opernhaus in Richtung Sporthochschule verlassen.

Mein Bruder Ingomar hatte in Washington/ DC einen Job angetreten. Für mich fühlte sich dies damals großartig an. Mein jüngerer Bruder jetzt in Amerika, über den großen Teich. Was wird die Zeit bringen? Ob ich ihn später mal besuchen würde. Damals war ein Flug über den Atlantik etwas ganz Seltenes, anders als heutzutage. Da möchte ich auch einmal hin, so dachte ich immer wieder. Das bohrte ständig in mir, war aber damals wegen den hohen Kosten, eigentlich unerreichbar.

Aber da geschah fast ein Wunder. In der Pfalz hatte sich ein neuer „Verein – Freunde – USA" gebildet und die suchten per Zeitungsanzeigen nach Leuten, die für 600,-- DM an einer Reise dorthin teilnehmen wollten. Dann war es ein Kraftakt für unsere Familie, dies zu stemmen.

Da saß ich nun im engen Flugzeug, der erste Flug für mich. Hatte aber keinen Fensterplatz, versuchte aber, alles was draußen und unter und über den Wolken geschah, in mich hineinzulassen. Mein Herz raste den ganzen langer Flug lang.

Wie wird der Himmel in New York aussehen? Wie fühlt sich die Luft dort an? Obwohl dort dann alles eigentlich nichts Besonders war, für mich war alles so aufregend. Mit dem Strom der Mitreisenden kamen wir durch den Zoll, überall war aber bei vielen der Passagiere, doch etwas an Aufregung zu spüren. Vor dem Flugzeug stand ein Bus, der brachte uns in meine Traumstadt. Jetzt hing ich am Fenster und saugte wieder alles in mich hinein. Diese hohen Wolkenkratzer, jetzt so nah vor meinen Augen. Am Times-Square war heftiger Polizei – Einsatz. Ganz schmale Polizeifahrzeuge, die über die Bürgersteige fahren können, wenn die Straßen hoffnungsvoll versperrt sind, alles war so aufregend für mich. Da die Leute dort gelassen waren, war ich auch schnell beruhigt. Dieser Times – Square liegt an der Kreuzung Broadway und Seventh Avenue und ist nach der von der Zeitung „New York Times" benutzten Gebäude T.S.1, benannt. Er erstreckt sich von West 42nd Street bis 47th Street und bildet des als Broadway bezeichneten Theaterviertels von Manhattan. In den 1930er Jahren wurde der Times Square offiziell in zwei Abschnitte unterteilt. Das südliche Ende behielt den Namen Times Square und das nördliche Ende wurde in Dufty Square umbenannt. Der Times Square ist bekannt für seine zahlreichen Leuchtreklamen. Neben den 40 Theatern befinden sich im dortigen Bezirk viele Fast-Food-Ketten und Andenkenläden, aber auch Nobelrestaurants, Kinos, MTV – Studios und die Technologiebörse NASDAQ.

Ein nicht so gut gekleideter Mann sprach mich an und bat um einen „Quarter". Weil ich einen schicken Sommeranzug trug, eine Tasche der Fluggesellschaft „Pan-America-World-Airways" um den Hals trug, war ich ein typischer Tourist. Ich nickte, zückte mein Portemonnaie und suchte nach Kleingeld. Ein anderer Tourist stieß mich an, schüttelte seinen Kopf und sagte nur, das ist zu gefährlich. „Er reißt dir die Geldbörse aus der Hand, rennt weg und wenn du ihm nachrennst, hält sein Kollege dir ein „Füßchen" und du liegst flach am Boden. Ich gab dem Bettler seine 25 Cent, hatte aber eine neue Lektion gelernt.

Dann sprach mich später noch ein bildschönes Girl an. Naiv schenkte ich ihr meine ganze Aufmerksamkeit. Sie war schon besonders attraktiv, so machte ich ihr zwangsläufig auch Komplimente. Mittlerweile hatten sich um uns, wir beide im Gespräch vertieft, eine ganze Traube voller Menschen gebildet, die uns alle zuhörten. Naiv, wie ich war, kam ich erst nicht auf den Gedanken, was sie von mir wollte. Bis nach einiger Zeit bei mir die Erleuchtung kam, ich sollte mit ihr in ein dortiges Haus gehen. Ich schüttelte meinen Kopf, war total durcheinander und stammelte nur: "I am a Catholic." Sie sagte nur, sie hätte schon viele davon gehabt. Kurz darauf sagten mir zwei der Zuhörer unseres Gespräches, ich hätte Glück gehabt, nicht ausgeraubt geworden zu sein.

Den ganzen Nachmittag stromerte ich New York City herum, war total von dieser Stadt, die niemals schlafen soll, begeistert. Vor dem Flug hatte ich mit meinem Bruder Ingomar ausgemacht, noch am Abend bei ihm in einem Vorort von Washington/DC, „Silver Spring", einzutreffen. Leider war mir mit dem Fahrplan der Busgesellschaft „Greyhound – Lines – Bus" ein Fehler passiert. Erst hatte ich die Busstation nicht gefunden, mich noch in den NYC – Central Park verirrt, dass dies eine besonders gefährliche Gegend war, war mir nicht so bekannt. Nicht mal die NYC – Police geht nachts ungern dort auf Streife. Ich muss schon einen besonders guten Schutzengel gehabt haben, als ich dort mehrere Stunden, in der tiefen Nacht, dort umhergeirrt war.

Nach einer ca. 4stündigen Busfahrt kam ich in dunkler Nacht in einem Washingtoner Vorort an. Ich musste zu früh aus dem Bus ausgestiegen sein. Kleine, unscheinbare Häuser in der Dunkelheit, viele schlafende, vielleicht betrunkene oder auch durch Rauschgift beschädigte Menschen, schliefen auf Bordsteinen, Treppen oder gar auf der Straße. Auf einmal kam ein drahtiger schwarzer Mann, mit einem Messer in der Hand, auf mich zugerast. Ich hatte riesengroße Angst und rannte um mein Leben. Er immer hinter mir her. 100m, 200m, 500 m, ich merkte, er kam mir nicht näher. Ich hatte riesengroße Angst zu stolpern, ich lief mitten auf der halbdunklen Straße. Irgendwann wusste ich, ich könnte ihm entkommen; so wahr es dann, Gott-sei-Dank, auch. Doch immer habe ich heute noch ein sehr ängstliches Gefühl, wann immer ich an diese Nacht denke.

In dieser Nacht schliefen auch mein Bruder Ingomar und seine Frau Rosel, in ihrem Haus, keine Sekunde. Er telefoniere mit dem Airport in New York, mit dem Airport in Washington und vielen anderen Stellen, ob ich gelandet wäre, wo ich sein könnte, er fand keinen Schlaf. Meine Odyssee hatte sie in Angst und Schrecken versetzt. Das tut mir heute noch leid.

Erst am nächsten Tag nach meiner Landung in NYC, hatte ich den Ort „Silver Spring", in der dortigen Grubb Road, das gesuchte Haus, gefunden. Wir waren alle total kaputt, freuten uns aber auch, weil es dann doch noch zum Schluss, endlich gut ausgegangen war.

Dann begann für mich eine weitere schöne Zeit, Rosel und Ingomar zeigten mir ihre Umgebung von Washington DC, sie fuhren mit mir in die „Blauen Berge" in Virginia. Es wurde gegrillt, die Steaks passten auf keinen normalen Teller, so groß waren sie. Durch diese beiden Lieben lernte ich den tollen Geburtsort vom 1. US – Präsidenten George Washington, Gutshof Wakefield, Westmoreland County, kennen.

In seinem Testament verfügte George Washington die Freilassung aller 124 ihm unmittelbar gehörenden Sklaven sowie die Versorgung und Pflege der Alten und Gebrechlichen unter ihnen, und die Unterrichtung und Ausbildung aller Jüngeren bis zu ihrem 25. Lebensjahr. Der Ort „Mont Vernon" ist ein riesiger Pilgerort aller Menschen. Noch zu seinen Lebzeiten wurde die Hauptstadt DC, nach George Washington, benannt. Für einen kurzen Moment war New York Regierungssitz der USA, doch als Hafenstadt und Anlaufstelle der meisten Einwanderer, galt die Stadt als politisch zu unsicher.

In Ingomar und Rosels Haus in Silver Spring lernte ich, wie heiß und schwül es dort im Sommer sein kann. 98 Grad Fahrenheit, so zählt man die Wärmegrade dort, nehmen einem bei dieser hohen Luftfeuchtigkeit, die Kräfte zum Atmen. Doch auf der anderen Straßenseite war ein Schwimmbad, das tat dann einfach nur gut.

Als mein Bruder und seine Frau mal beruflich aus ihrem Haus mussten, sollte ich am frühen Nachmittag einen Installateur ins Haus lassen.

Am Abend wurde ich gefragt, ob der Handwerker gekommen wäre und ob alles geklappt hätte? Hierbei war alles glatt gegangen. Nur auf die Frage, ob es ein weißer oder farbiger Mann gewesen wäre, konnte ich keine Antwort geben. Als aber mein Bruder mich fragte, wie er geheißen hatte sagte ich: „Es war ein Mister White!" Darauf antwortete er: „Dann war es ein Farbiger".

Nach einem jetzt besonders tiefen Schlaf, die Nacht davor hatte mir ordentlich zugesetzt, wollte ich einen mehrstündigen Dauerlauf tätigen. Doch kein Sportplatz, keine Parkanlage war in der Nähe. Ich lief die erste Straße bis zu ihrem Ende durch und landete an einer breiten Umgehungsstraße. Weit und breit war erstmals kein Auto, und aber auch kein Haus zu sehen. So lief ich ungestört immer weiter, ich lief und lief, die Hitze machte mir überhaupt nichts aus, freute mich jetzt in Amerika so angenehm laufen zu können und zu dürfen. Bisher war auf dieser einsamen Strecke kaum ein Auto gekommen, ich lief und lief und freute mich am Leben.

Ich musste schon ca. 2 bis 3 Stunden gelaufen sein, die Sonne stand genau über mir, da kam mir ein Auto entgegen, bremste und ein Mann stieg aus und sagte, ich sollte doch aufhören zu laufen, es wäre doch viel zu heiß. Und besonders die weite Strecke wäre nichts für mich. Nein, bitte laufen Sie nicht weiter, meinte er immer wieder. Er wüsste genau, wovon er spräche. So nahm ich seinen Vorschlag an, unterbrach mein Lauf und ging halt langsam zu fuß. Ich nahm auch an, als er weitergefahren war, dass er mich in seinem Rückspiegel beobachtete, ich wollte ihn auch nicht enttäuschen, weil es ja ein guter Vorschlag von ihm gewesen war. Doch in dem Moment, als er mich nicht mehr sehen konnte, lief ich wieder los. Es ging mir doch einfach gut. Heute weiß ich, wie recht er hatte, heute bin ich ihm nachträglich dankbar. An einen Hitzschlag denkt man als junger Mensch doch nicht.

Es dauerte aber keine halbe Stunde, da kam mir ein amerikanisches Polizei-Auto entgegen, (Police – Car), es stoppte abrupt, zwei Polizeibeamte sprangen heraus, hielten mich fest und „schwupp die wupp", hatten sie mich in ihr Auto gedrückt. Sie warfen mir vor, Zeugen hätten mich erkannt, ich wäre vor einigen Tagen in irgendein Haus eingebrochen und hätte dort etwas gestohlen. Immer wieder beteuerte ich ihnen meine Unschuld. Ich sah, in diesem Polizei-Auto gab es hinten, auf der Rückbank, keine Türgriffe, für eine etwaige Flucht aus dem Wagen. Mir glaubten sie natürlich nicht, dass ich erst am Vortag in die USA eingereist war; das ich noch vor zwei Tagen in Old – Germany, gewesen war. Auch meine komplette weiße Tenniskleidung und all meine Beteuerungen halfen nichts, ich war gefangen in ihrem Police-Car.

Ich bat die Polizisten immer wieder, uns zu meinem Bruder Ingomar zu fahren, um uns den Flugschein der PAN -AM anzusehen. Ich hätte ja den mir vorgeworfene Einbruch vor einer Woche nicht begangen haben können, da ich noch in Deutschland gewesen wäre. Dies sagte ich ihnen immer wieder. Schon als das Police-Car mit uns in das schicke Wohnviertel von den vielen Botschaftsangehörigen eingefahren war, wo meine Familie wohnte, hätten sie zweifeln können, ob ich nicht doch die Wahrheit gesagt haben könnte. Doch, sie taten es nicht.

Mein Bruder Ingomar machte den Polizeibeamten mit wohlformulierten und dem Vorzeigen meines Flugscheines ihnen dann endlich glaubhaft, dass ich erst vor einem Tag in Washington/DC, angekommen war. Endlich glaubten sie uns, baten uns dann um etwas Verständnis für ihren Dienst.

Bruder Ingomar und seine Rosel fuhren uns an einem anderen Tag nach „Rehoboth Beach", ein Ort neben der Mündung der Delaware Bay. Der Ort zählt zu den beliebtesten Urlaubsorten am Atlantik. Deren Freizeitangeboten konzentrieren sich auf eine wirklich ca. 1,6 km Strandpromenade. Neben flippigen Läden erwarten hier die Besucher typische Jahrmarktattraktionen, familienfreundliche Restaurants und ansprechende Liveunterhaltungen – all das vor einer malerischen Urlaubskulisse, und mit einem Hauch Nostalgie.

Auf der Fahrt dorthin klebte kilometerweit ein amerikanisches Auto hinter unserer Kiste. Es waren keine zwei Meter Abstand zwischen unseren Fahrzeugen. Auf einmal ertönte eine Polizei-Sirene, eine rote Lampe hatte der andere Polizist auf ihr eigentlich ziviles Auto, durch das Türseitenfenster, auf ihr Dach gestellt. Wir mussten Bremsen und aussteigen. Wir wären zu schnell gefahren, warfen die Polizeibeamten meinem Bruder immer wieder vor, der das Auto gefahren hatte. Er zahlte anstandslos und hatte seine Hände vorher, sofort oben auf das Lenkrad gelegt, was in USA, die Polizei zu ihrem eigenen Schutz, von den Autofahrern immer erwarten, wenn sie von ihnen angehalten werden. Da in den USA viele Menschen dort eine Pistole besitzen, bestehen die Polizisten auf diese Vorgehensweise.

Bruder Ingomar und seine Rosel zeigten mir viele Sehenswürdigkeiten von Washington DC, diese schöne Stadt am Potomac River, die an die Bundesstaaten Maryland und Virginia grenzt. Sie ist durch klassizistische Denkmäler und Gebäude geprägt, zu denen auch die Wahrzeichen gehören, die die 3 staatlichen Gewalten beherbergen: Kapitol, Weißes Haus und oberster Gerichtshof. Daneben ist Washington die Heimat bekannter Museen und Orte der darstellenden Kunst wie z. B. des Kennedy Centers.

Die größte Bibliothek der Welt, die Library of Congress, Smithsonian Institution, National-Gallery of Art, Lincoln Memorial, all das wurde mir gezeigt.

Beim Besuch des zweitgrößten Friedhofes der USA, in Arlington, nur durch den Potomac getrennt, hier ruhen ca. 280.000 Tote, staunte ich sehr, als hier an einem Sonntagnachmittag so viele tausende Menschen, ihren verstorbenen Angehörigen, gedachten. Wenn ich früher immer gedacht hatte, auf einem Friedhof verhält man sich still und ruhig, war das hier auf dem Arlington Friedhof, ganz anders.

Da saßen ganze Familien fröhlich an den Gräbern ihrer Verstorbenen oder Gefallenen. Viele Besucher hatten Radios mit lauter Musik mitgebracht, verzehrten Kuchen, Kaffee und Gebäck. In den warmen Sommermonaten waren die Besucher sehr bunt gekleidet gewesen, was bei einer dunklen Hautfarbe denen besonders schön anzusehen ist; was denen auch besonders gutsteht. Für mich waren auch die vielen Busstationen für die Busse, auf diesem Arlington Friedhof, die immer wieder ganze Scharen von Besuchern brachten, etwas ganz Besonderes. Es war ein Kommen und gehen dort. Das „Grabmal der Unbekannten", wird auch als „Grabmal der unbekannten Soldaten" bezeichnet, liegt auf einem Hügel oberhalb von Washington.

Das Grab des am 22. November 1963 ermordeten 35. Präsidenten der USA, John F. Kennedy, liegt in einer Linie mit der Arlington Bridge und sieht sehr würdevoll aus. Das Grab vom Bruder Robert, nur ein kleines bescheidenes weißes Holzkreuz steht obendrauf, liegt dicht daneben. Dem Hören nach liegen auf dem gesamten Friedhof dort, die Verstorbenen, in sechs Etagen auf diesem Heldenfriedhof, übereinandergestapelt, so groß ist der Andrang, dort beerdigt zu werden.

Bruder Ingomar hatte mir den USA - Aufenthalt besonders liebevoll vorbereitet und mich auch rechtzeitig beim „Internationalen Tennisturnier" in Washington DC angemeldet, dazu auch noch in kleineren Turnieren wie in Reston, Virginia und anderen Stadien. In Washington konnte ich mich fast eine Woche lang behaupten, herausgeflogen war ich an einem Spieler, der auch in Deutschland bei Turnieren gespielt hatte. In Reston hatte ich einen Gegner, der natürlicherweise auch ein weißes Tennistrikot trug, dabei aber einen bunten Hawaiikranz an seinem Hals hatte. Er wollte damit auf sein Heimatland hinweisen. Durch mein mangelhaftes Englisch ärgerte ich ihn mehrmals ohne Absicht. Immer, wenn er einen von mir gespielten Stopp nicht mehr erreicht hatte, wollte ich ihn trösten mit dem Satz: „take it easy!", (nimm es leicht). Dies war von mir ehrlich gemeint, wollte ihm etwas „nettes" sagen. Seine Miene verfinsterte sich aber ständig, je öfter ich das ihm zurief. Mein Bruder am Spielfeldrand erklärte mir nach dem Match, dieses Zitat, „take it easy", hat in den USA einen anderen Sinn als bei uns. Sinngemäß heißt das dort: „Du kannst machen was du willst, du bekommst den Ball doch nie. Nach drei Runden musste ich aber dieses Turnier nach einer Niederlage beenden.

Die Stadt Reston, mittlerweile eine größere Stadt, war zuerst an einem Reißbrett durch kluge Köpfe geplant und nach einigen Jahren fertiggestellt worden. An einem bestimmten Datum durften die Einwohner gemeinsam dort erst Einziehen. Kurze Wege, intensive Nachbarschaft und Anreize zu einem gesunden Leben waren unter anderem Vorschriften der Bauplanung gewesen. Diese Stadt hat sich heute enorm vergrößert.

Amerika und die ganze Welt war ja außer Rand und Band. Am 16. Juli 1969 hatte der Start zum Jahrtausendprojekt die ganze Welt in ihren Bann gezogen.

Drei USA – Astronauten schrieben Geschichte. Mit dieser Mission gelang den USA das scheinbar Unmögliche: Nur acht Jahre nach des Präsidenten John F. Kennedys Ankündigung landen Menschen auf dem Mond und kehren zurück. Die drei Astronauten Neil Armstrong, Edwin „Buzz" Aldrin und Michael Collins brachten die Mission in größtmöglicher Professionalität ans Ziel und schrieben Geschichte.

Die Saturn – V – Rakete hob in sehr langsam um 9,32 Ortszeit, von der Startrampe 39-A im Kennedy Weltraumzentrum, ab. In jeder Sekunde wurden 13 Tonnen Treibstoff in die fünf Triebwerke gepumpt und gezündet. Jedes von ihnen erzeugte 7.500 Kilonewton Schub – das entspricht 160 Millionen PS. Erst nach 12 Sekunden hatte sich die 111 Meter hohe und beim Start fast 3.000 Tonne Saturn V, erhoben.

Etwa eine Million Menschen verfolgten den Start vor Ort. Die 3 Astronauten befanden sich an der Spitze der Rakete. Drei Tage später sollten sie den Mond erreichen und in der Nacht vom 20. Auf den 21. Juli 1969 betraten Neil Armstrong und Buzz Aldrin als erste Menschen die Mondoberfläche. Ein tausend Jahre alter Traum wurde wahr! Die ganze Welt stand Kopf, mir ging es ebenso. Die ganze Nacht hatte man diese Weltprimere am Bildschirm verfolgt. Diese Begeisterung hielt lange, lange Zeit an. So ist folgendes Erlebnis eher verständlich:

Da stand ich, aufgeregt in einer mehrere hundert Meter langen Warteschlange, mit den hunderten immer noch begeisterten Menschen von der kürzlich geglückten Mondlandung, vor dem „Weißen Haus", in Washington DC. In der Regel ist so eine lange Schlange immer so lang, weil die

Touristen aus aller Welt, sich den Sitz der US – Regierung, einmal genauer ansehen wollen. So auch ich, mit der inneren Begeisterung der kürzlich durchgeführten Mondlandung.

Extrem langsam ging es in der langen Warteschlange vor dem „Weißen Haus" weiter. Da kam plötzlich eine junge Dame seitlich an der wartenden Besucherschlange vorbei. Neben ihr und hinter ihr humpelten zwei junge Männer auf Krücken; es waren US – Soldaten aus dem Vietnamkrieg. Elf Jahre wütete der Krieg zwischen Nordvietnam und den USA schon.

Die junge Dame war die jüngere Tochter des amtierenden USA Präsidenten Richard Nixon. (Präsident 1969 – 1974) und hieß: Julie Nixon Eisenhower. Sie hatte die beiden Soldaten und auch mich, aus der langen Warteschlange, herausgefischt, sicherlich, weil ich ungefähr gleich alt sein mochte, wie die jungen Soldaten mit ihren Krücken. Mit meinen kurzen Haaren, einem sogenannten „Mecki", konnte ich doch ein junger GI – Soldat, sein.

Sie fragte höflich und lud uns drei junge Männer ein, in dem „The White House", die Wohnung und das Schlafzimmer ihrer Eltern, uns ansehen zu können. Wir nickten einfach mit dem Kopf und durch einen besonderen Eingang bestiegen wir die Treppe nach oben auf die erste Etage.

Wir sahen uns zuerst die Küche an, gingen dann noch durch andere Räume und dann in das Elternschlafzimmer. Ich hielte mich die ganze Zeit zurück, weil ich erstens kein US Soldat war und an meiner Sprache hätte Julie Nixon Eisenhower direkt gemerkt, dass ich kein GI war. Sie erklärte uns die einzelnen Möbelstücke, hielt ein Rede, derweil die beiden Versehrten sie überhaupt nicht ansahen; sie waren an die Fenster gehumpelt und schauten sich von oben den Garten an. Ich stand höflich mit großen Augen vor ihr, lauschte ihr andächtig zu und war auch noch von der kürzlich durchgeführten Mondlandung gefangen. Plötzlich griff ich in meine Geldbörse und wollte der US – Präsidententochter einen 20 Dollarschein geben. Ich wusste ja, wie viele Millionen oder Milliarden die Mondlandung gekostet hatte und wollte mein Scherflein dazu beisteuern. Als ich den Geldschein ihr übergeben wollte, in diesem Augenblick löste sich aus einem eingewickelten sehr langen Fenstervorhang, der Arm eines Sicherheitsbeamten, er riss den Geldschein an sich und pustete darauf, ob etwas wie Gift oder sonst etwas an oder auf dem Geld war. Wir waren alle sehr erschrocken.

Dann fragte mich Julie Nixon-Eisenhower, warum ich ihr das Geld geben wollte. Ich sagte ihr, ich wäre so begeistert von der geglückten Mondlandung, ich wollte etwas dazu spenden. Wenn jedermann oder viele Menschen so etwas tun würden, wären die hohen Kosten der Mondlandung leichter zu meistern. Sie sagte nur, sie könne das Geld ja nicht verbuchen, war auch etwas erschreckt und schenkte mir doch ein bezauberndes Lächeln. Nach dieser Aktion war ich von mir selbst erschreckt, hatte die Begeisterung der Mondlandung, doch Spuren in meinem Gemüt hinterlassen.

Nach dieser etwas sehr peinlichen Situation, hatte mich bald davon etwas erholt, machte ich mich jetzt auf dem Weg, am gleichen Tag, zum Kapitol, Sitz der Regierung der USA. (In englischer Sprache: „United States Capitol").

Es ist der Sitz des Kongresses, der Legislative, (Gesetzgebung) der USA: In ihm finden Sitzungen des Senats und des Repräsentantenhauses statt. Die Funktion des Hauses: Museum und Büro. Eröffnet schon 1800; 3 Stockwerke hoch. Das Kapitol ist das Herz der amerikanischen Demokratie.

Nachdem ich von dem „Weißen Haus", (englisch „White House") zum „Capitol" gewandert war, sah ich schon aus der

Ferne wieder eine ca. 100 m lange Besucherschlange vor mir. So stellte ich mich hinten auch wieder an und nach ca. einer Stunde waren wir erst ein wenig weitergekommen. Als unsere Warteschlange etwas näher ans Capitol gekommen war, immer noch ging es nur Schritt für Schritt weiter, war nun der Eingang zum Haus gekommen. Wir schritten dann erwartungsfroh in das Gebäude und standen wieder in einer Schlange. Es ging immer noch extrem langsam nur voran. Neben uns war im Flur befand sich eine ca. 30 cm hohe Absperrschnur mit goldenen Gurtbändern. Ich kann nicht sagen, was ich in diesem Moment gedacht haben mag. Ich stieg einfach über die durchgehangene Schnur, sah vor mir eine Tür, öffnete die und fand eine Treppe, die mich nach oben führte. Man kann die Zeit damals mit der heutigen nicht vergleichen, damals war so vieles anders, es war eine viel sichere Welt noch; es gab nicht jeden Tag Überfälle und böse Attentate.

Nachdem ich die Treppe nach oben bestiegen hatte landete ich auf der ersten Etage des Capitols. Hier waren viele, ca. 3 m hohe Doppeltüren, mit jeweils viel Stuck- und Verzierungen, versehen. Ich klopfte an einer dieser Türen an, niemand rührte sich, ich ging vorsichtig hinein. In einem extrem großen Raum saßen jeweils an vier sehr großen Schreibtischen insgesamt acht junge Mitarbeiter in schwarzen Anzügen, weißen Hemden und roten Krawatten.

Ich sagte meinen Gruß, sie alle nickten nur, sagten aber überhaupt nichts. Ich ging vorsichtig weiter: Im anschließenden Büro stand eine Frau vor einer älteren, eleganten Sekretärin an deren Schreibtisch, diese mit Lockenwicklern im Haar, beide sprachen miteinander, und die Sekretärin nickte mir kurz zu. Das sollte heißen: Einen Moment bitte, sie sind gleich dran. Ich stand geduldig in einem Abstand von 4 Metern, dahinter. Dieses Gespräch der beiden Damen dauerte und dauerte. Ich blieb geduldig, wippte aber etwas von einem Fuß auf den anderen. Irgendwie muss ich mich dabei immer etwas weiter nach vorne zur nächsten offenstehenden Tür bewegt haben. Ich konnte in diesem Raum auf einem goldbestückten Ständer die amerikanische Fahne sehen. Come in, Come in, hörte ich eine ruhige Stimme sagen. Ich ging den Raum hinein, machte wieder meine Verbeugung. Welches Anliegen ich hätte wurde ich gefragt. So sagte ich wieder, ich wollte Geld spenden für die so erfolgreiche Mondlandung. Ich musste mich hinsetzen. Große Augen sahen mich an. Dann wurde ich gefragt; Woher ich käme? Ich antwortete. „I come from a litel spa near Bonn, Western Germany". I would like to donate $ 20,-- to the successful Apollo program. Der dort gut gelaunte Herr schmunzelte, sagte, es sei hier der falsche Ort und er könne das Geld hier auch nicht verbuchen, doch das wäre eigentlich eine wunderbare Idee. Als Leiter des „House of Representatives, war Gerald R. Ford gerade der „38. Amerikanischer Präsident" geworden.

Später schrieb er mir noch:

Dear Mr. Relham,

Many, many thanks for your kind and thought message of Congratulations.

It is both humbling and heartwarming to know that I have your suppert. I deeply appreciates your kindness efforts will justify in me. Thank you again and warmest regards.

Sincerely
Gerald R. Ford.

Wenn man heute über solche Erlebnisse nachdenkt, dann merkt man wie sich die Zeit verändert hat. Damals waren Attentate so weit weg, der präzise Personenschutz, die ganze Vorsicht vor Gefahren, war noch nicht so nötig wie heutzutage. In einer relativ kurzen Zeit hat sich überall in der Welt die Gefahrenlage schlimm vergrößert. Es hat quasi keine zwei Generationen gebraucht, bis man jetzt in einer immer gefährlicheren Zeit angekommen ist.

An manchen Tagen beim Bruder Ingomar und seiner lieben Frau, wenn einer ins Büro ging und die andere zu einer Baby Show – Party, ging ich öfters zu einer dortigen Sportanlage, wollte sehen, wie die Amerikaner ihr Baseball und ihr American Football trainieren und spielen. So legte ich mich öfters hinter die Zaunanlagen und machte mir einige Notizen. Immer wieder schauten die Studentinnen und Studenten zu mir herüber, tuschelten und kamen auch zu mir herüber. Sie wollten mich verdrängen, wollten mich brutal wegschicken. Ich sei ein Spion von einer anderen Universität. Immer wieder versuchte ich ihnen zu erklären, dass ich nur ein neugieriger Tourist aus Old-Germany wäre und kein Spion von einer anderen Hochschule. Nach langem Zögern durfte ich bleiben.

Wie viel anders nach meinem Ausflug nach Amerika sind die Erinnerungen an unser Deutschland von früher. Da hatte unsere Hockeyabteilung eine Einladung zum Berliner Hockeyclub ARGO erhalten. Darüber freuten wir uns alle ganz riesig. Es hieß auch, wir dürften auch nach Ost-Berlin reisen und uns dort etwas umsehen. Das war für uns sehr spannend, wir hatten aber auch eine wenig Furcht, dürfte das nicht mit einem Malheur enden.

In unserem Deutschland gab es zwischen 1949 und 1990 zwei Staaten. Die Bundesrepublik Deutschland und die DDR. Die DDR war ein sozialistischer Staat, in dem die Menschen nicht frei leben konnten. Es gab dort keine freien Wahlen, die Macht lag alleine bei einer Partei. In der DDR galt das Prinzip des Sozialismus: Privateigentum und Wirtschaft wurden verstaatlicht.

In der DDR gab es sehr, sehr viele Verbote: Westdeutsche Zeitungen lesen? Verboten! Wer in der Schule mit einer „Mickymaus" oder „BRAVO" erwischt wurde, musste zum Direktor und bekam Ärger. Auch das westdeutsche Fernsehen durften die Ostdeutschen nicht einschalten. (Viele taten es aber trotzdem heimlich).

Die Führung der DDR hatte Spione im ganzen Land eingesetzt. Wer sich nicht ganz treu zum Gebiet bekannte, landete nicht selten im Gefängnis. Wer die DDR verlassen wollte, tat dies nu unter Lebensgefahr. Über 33.000 sog. Häftlinge wurden durch die Bundessrepublik „freigekauft," jedoch wurden mehr als 600 von den DDR – Grenzsoldaten erschossen oder starben bei Fluchtversuchen. Weit über 100.000 Bürger der DDR versuchten zwischen 1961 und 1988 über die innerdeutsche Grenze oder über die Berliner Mauer zu fliehen. Die DDR – Bewohner fühlten sich in der Mehrzahl unwohl in ihrem Staat und hatten Angst vor einer Verhaftung.

Als wir bei ARGO Berlin angekommen waren, suchten wir erst unser Hotel am Berliner Funkturm. Über meinem Bett hing ein Schild mit der Aufschrift: „In diesem Bett schlief 1936, der dreifache Goldmedaillengewinner Jesse Owens, bei den dortigen „Olympischen Spielen". Das gefiel mir.

Die Hockeyspiele auf dem dortigen Spielfeld verloren wir mit 1:4 und 2:3, dagegen gewannen wir die Spiele am nächsten Ostertag in der Sporthalle sehr hoch. Dort waren wir besser in den Spielen. Die Geselligkeit nach dem Sport war prächtig.

Aber der mit Spannung erwartete Besuch in der „DDR" am nächsten Ostermontag stand uns ja noch bevor. Ein Kurzbesuch in einem kleinen Bereich von Ostberlin war möglich, die westdeutsche „Deutsche Mark" in Scheinen & Münzen war der DDR – Führung sehr willkommen. An bestimmten Geschäften und einigen Lokalen, wo mit der DM bezahlt wurde, war immer starker Andrang.

Der Grenzübergang von der BDR in die DDR erfolgte auch von uns über den größten Grenzübergang in Helmstedt/Marienborn. Dieser Übergang war von der Bundesautobahn 2, wo diese von der Magdeburger Chaussee, Bundesstraße 1, geschnitten wurde.

Als wir dort am Karfreitag mit einem großen Reisebus angekommen waren, von den DDR – Grenzpolizisten angehalten worden waren, kamen zwei von ihnen in den Bus. Dummerweise waren ganz vorne, hinter dem Fahrer, drei unserer Spieler, Philipp, Dieter und Bub dabei, ihren Skat zu spielen. Dabei hatten sie als Tisch eine Aktentasche über ihre Beine gelegt und versperrten den Grenzbeamten den Weg in den hinteren Teil des Fahrzeuges. Unser Verteidiger Bub sagte den Grenzbeamten: „Moment, ich habe grad so ein gutes Blatt auf der Hand!" Die drei Polizisten drehten sich sofort ab, verschlossen unseren Bus und sagten dem Busfahrer, er solle mit uns in eine hintere Ecke des Parkplatzes fahren. Von da an warteten wir 11 Stunden, bis eine neue Grenzbeamtenabordnung kam. So hatten sie ihre Rache.

Jetzt, von der Grenzkontrolle von Westberlin nach Ostberlin, mussten wir durch ein Schleuße. Das Innenministerium der DDR hatte am 22. August sieben Straßenübergänge und einen Bahnübergang festgelegt. Unsere Pässe wurden nicht kurz, sondern ziemlich lange, sich angesehen. Unser Gesicht und unser Passbild wurden mehr als gründlich in Augenschein genommen. Nach einigen Minuten hieß es dann: „Bitte, die 5 DM!" Günter der vor mir stand, murmelte: "5 Mark für den Scheißstaat!" Ich zischte nur, sei still, sonst behalten die dich hier! Er hatte Glück gehabt, weil seine Bemerkung nicht gehört worden war. Dann warteten wir auf die nächsten drei Kontrollen, die man hintereinander geduldig aushalten musste.

Vor uns stand eine ca. 75jährige Frau, mit drei schweren Tragetaschen. Sie wurde so gründlich und lange untersucht, wie man es sich normalerweise nicht vorstellen kann. Auch ihr Pass wurde minutenlang studiert, ihre drei schweren Taschen wurden lange von den Grenzern in Augenschein genommen und ihren Pass nochmal und nochmal angesehen. Dann musste die Dame zum nächsten Volkspolizisten, dieselbe Prozedur wiederholte sich, und dann wieder diese Schau, auch beim dritten „Vopo".

Ich fasste mir ein Herz, ging zu dem ersten der Kontrolleure und sagte zu ihm sehr höflich: „Mein Herr, sie sind doch sehr gründlich ausgebildet mit der Kontrolle, sie machen das doch sehr gut mit der Dame, warum müssen die Leute drei Kontrollen vornehmen?" Er sah mich entsetzt an und sagte: „Gehen sie darüber zu meinem Vorgesetzten und fragen sie dort!" Das tat ich, dort dieser Offizier schickte mich einfach weg. Einige von uns kauften ein kleines DDR – Produkt für „viel Deutsche Mark", und andere tranken einen Kaffee oder eine Cola.

Onkel Heribert war der Bruder meiner Mutter. Er hatte mich schon als kleiner Junge an das Skilaufen herangeführt. Schon nach Ende des 2. Weltkrieges hatte er sich und mir Ski besorgt. Sie hatten noch keine Stahlkanten auf der Unterseite, waren aus einfachem Eschenholz oder auch aus Hickoryleisten hergestellt. Zum Wachsen hatten wir alte Weihnachtskerzen benutzt, diese sollten helfen, dass sich keine „Klumpen" unter den Ski bilden konnten.

Noch kurze Zeit nach dem schlimmen Krieg gab es richtige Winter mit sehr viel Schnee. Der blieb manchmal schon vor Weihnachten bis nach Ostern in dicker Höhe auf Wiesen, Feldern und Straßen liegen. So gab es für uns alle jede Menge Freude beim Üben. Wir nutzten jeden kleinen Hügel aus, um besser zu werden.

Am Wochenende waren die etwas höheren Hügel unser Ziel. Eine Fahrt in die Eifel mit der Eisenbahn war dann angesagt. Dann übten wir noch mehr, auch kurze Sprünge über Hügel machten uns stolz.

So entwickelte sich für mich die große weiße Winterwelt. Von den kleinen Hügeln vorher, ging es jetzt in die große weite Welt, nach Lech, Zürs und St. Anton. Diese Gegend war so schneesicher und lockte die Skifreunde aus Deutschland, Belgien, Luxemburg, und Holland, England oder Spanien, in großen Scharen an. Alle Skifreunde liebten den „weißen Arlberg", so sehr.

Wie das im Leben so ist, gibt es immer wieder große Fortschritte in der Welt. Ein junger Bauernsohn, Hannes Schneider, war in Stuben am sogenannten „weißen Arlberg" geboren und hatte mit ganz einfachen Holzlatten versucht, die dortigen steilen Hänge hinunter zu rutschen. Dabei muss er großes Talent gehabt haben. Richtige Ski gab es noch nicht. Auf zwei langen Latten an den Füßen und mit einem anderen Stab in der Hand machte er die ersten Fahrten vor den Höhen hinab.

Er wurde ständig besser und viele seiner Bauernfreunde taten es ihm nach. Der junge Skipionier war weitsichtig genug, diese Kunst den anderen Menschen näher zu bringen. Als 17jähriger Junge gründete er 1920 die erste Skischule am Arlberg. Sein Talent und die Freude an dieser Sache hatten sich bis nach England herumgesprochen und viele Briten kamen zu ihm nach Österreich. Er hinterließ der Nachwelt ein großes Geschenk.

Skilaufen mit Leichtigkeit und Freude an der Bewegung, Geschwindigkeit und Wendigkeit hat der seinerzeit „schnellste Skifahrer Europas", den Freunden des „weißen Sport", vermacht. Seitdem halten Generationen seiner Kollegen die „weiße Kunst" hoch. Wer als Skilehrer am Arlberg tätig war und ist, darf sich geadelt fühlen. Der Wintersport Stuben setzte seinem großen Sohn später ein Denkmal.

Meine erste Fahrt in die Alpen führte ebenfalls zum Arlberg. Es gab damals nur wenige Hotels. Die Bauern hatten Zimmer vermietet, oft waren es ihre eigenen Wohnzimmer, manchmal wurden Duschen zu Schlafstätten umfunktioniert. Sie sahen darin die Möglichkeit, etwas Geld zu verdienen. Alle haten die Zeit erkannt und so langsam wuchs ein richtiger Wintersportort heran. Diese Zusatzeinnahmen machten erfinderisch. Jedes Jahr gab es in Scheunen neue Übernachtungsmöglichkeiten, die cleveren Bauern bauten neue Häuser, Pensionen und Hotels. Jedes Jahr kamen neue Skihänge, fast immer mit einem neuen Lift versehen, hinzu.

Mit einem „Touropa – Sonderzug" in der Nacht kamen wir Skifreunde dort an. Wegen Schneetreiben mussten wir in einem Jahr die ganze Nacht im Arlbergtunnel ausharren. Nach 2 bis 3 Tagen kannten uns dann alle Einheimischen und wir die. Es war der Beginn einer Zeit, wo der Skisport so richtig in Schwung kam.

Der dortige Skiunfallarzt hatte schon in Lech oder St. Anton, morgens und das täglich, für ca. 40 bis 50 anfallende Knochenbrüche Gips vorbereitet. Die Freude am Skilaufen war viel größer als die Einschätzung, selbst mal verletzt zu werden. Es war sehr seltsam, immer wieder viele humpelnde Skifahrerinnen und Skifahrer im Ort oder in der Hotelbar zu sehen.

Dem Erfinder Mannes Marker gelang 1952 etwas „bahnbrechendes". Er brachte plötzlich, unerwartet, die erste Skisicherungsbindung auf den Markt. Eine Sicherheitsbindung verbindet den Ski, bis eine bestimmte Grenze der Krafteinwirkung überschritten wird. Bei höherer Belastung löst sich die Bindung aus und der Skifahrer bleibt unverletzt. Der Ski hatte sich dann vom Fuß getrennt. Der Erfolg dieser Erfindung war riesengroß. Die Ärzte mussten nicht mehr morgens „Gips-Anrühren" vornehmen, nein, Skiunfälle verringerten sich von Jahr zu Jahr sehr. (Nebenbei: Onkel Heribert hatte auch ein Patent für ein Sicherheitsbindung, konnte aber damit kein Geld verdienen, er war auch ein Tüftler).

An einem Beispiel konnte man erkennen, was so eine „Marker – Sicherheitsbindung", erreichte. Da gab es zu dieser Zeit eine Statistik von amerikanischen Soldaten, die in

Garmisch – Partenkirchen stationiert waren. Jedes Jahr wechselten die US – Soldaten zu Ostern. Dann kamen aus Amerika neue.

In jedem Jahr waren durch das Skilaufen der GI´ s im Durchschnitt 180 Beinbrüche zu verzeichnen gewesen, bei derselben Anzahl, jetzt mit der neuen Sicherheitsbindung, waren es nur noch 3 oder 4 Beinbrüche. So gewaltig wertvoll war diese Erfindung gewesen.

Manchmal nahm mich Onkel Herbert und Ehefrau Anni mit zum Arlberg nach Lech, da sollte ich auf ihre beiden Kinder aufpassen, derweil sie im Skikurs waren. Ich durfte am späten Nachmittag, nach ihrem Skikurs, mich auch auf den Pisten austoben, manchmal durfte ich auch die Skischule besuchen.

Zu einem Skirennen, Kandahar – Riesenslalom, hatte mich Onkel Heribert, angemeldet, wollte er auch sehen, was ich in den Skikursen gelernt hatte. Entgegen aller anderen „Rennläufern", hatten meine beiden Ski, noch keine Stahlkanten, um nicht auf Eisplatten auszurutschen. Zwei Tage vor dem Rennen hatte es auch am Tage sehr gefroren, die Piste war eine richtige Eiswüste und hatte die Piste knochenhart und sehr schnell gemacht. Mir war klar, mit meinen Skibrettern, mit den abgerundeten Seitenrändern, hatte ich keinen Seitenhalt, Stürze waren also zu erwarten. „Was mach´ ich bloß?" Ich hatte richtige Angst vor diesem Skirennen.

Beim Frühstück fiel mir die rettende Idee ein, wenn die auch nicht besonders toll war. Will etwas Rübenkraut unter meinen Ski streichen, statt dem schnellen Skiwachs, so würde sich doch meine Geschwindigkeit etwas herabsetzen und ich würde wahrscheinlich, ohne Sturz den Berg, hinunterkommen. So waren meine Gedanken, und so tat ich es dann auch.

Nun hatten sich unter meinen Ski richtig große Schneeklumpen durch das klebrige Rübenkraut gebildet, nach dem Start lachten die Zuschauer, weil ich nicht ans wirkliche Rutschen, kam, so dick hatten sich die Klumpen unter meinen Latten, gebildet. Der Lohn, 64. Platz, also Letzter. Ich hatte für das Leben etwas gelernt. Durch den Lautsprecher hörte ich, „die Nr. 64 hat sich verwachst"; ich schämte mich, war aber gesund geblieben.

Ein Sieg war für mich, wenn meine Frau, die Kinder, die steilsten Hänge befuhren und so viel echte Freude am Skilaufen hatten.

Einige Tage später wollte ich mir im dortigen „Sporthaus Strolz", dem ersten Sportgeschäft dort, neuen Skiwachs kaufen. Diese Firma war seinerzeit mit einer neuen Erfindung von Skischuhen, wobei der Fuß erst vermessen werden musste, bahnbrechend in der Skischuhwelt. Diese Erfindung des „Strolz – Skischuh" liegt ca. 150 Jahre zurück. Seit 1921 fertigte Ambros Strolz Lederskischuhe in seiner kleinen Werkstatt, später hatte sein Sohn Martin Strolz, als Orthopädie – Schuhmachermeister, die Firma weiter ausgebaut. In den 1960er Jahren wurden dann die ersten Kunststoffschuhe eingeführt. Viele Skischuhe waren für die Skiläufer oft richtige Folterinstrumente. Es gab schon die Schmerzen beim Einstieg in die Schuhe und am Abend schmerzten die Füße grausam. Ein weiterer Schritt war die Erfindung des Ausschäumens der Zwischenräume des Innenschuhs, um eine perfekte Passform zu erzielen. Mit diesem Fortschritt und der schicken Skimode wurde das Sporthaus Strolz zum Vorzeigeunternehmen in der ganzen Alpenregion.

Nach dem Skilaufen, manchmal schon vorher, gingen wir in dieses Sporthaus. Auch an einem besonderen Tag waren wir in der Mittagszeit dort gewesen. Wir waren in einer kleinen Clique im Geschäft gewesen, als draußen unser Freund Rolf am Geschäft vorbei huschte. Ich wollte ihn unbedingt sehen und sprechen und rannte mit höchstem Tempo aus dem Geschäft. Im selben Moment liefen nicht, sondern rannten ebenfalls, drei schicke Damen, in das Geschäft. Es kam zu einem wirklich sehr kompletten Zusammenstoß zwischen der Dame in der Mitte und mir. Ich spürte den heftigen Zusammenstoß zweier Körper und sah in diesem Moment in zwei wunderschöne Augen, die strahlten wie die Sonne eben strahlen kann. Vom Zusammenstoß spürte ich in diesem Moment nichts mehr, war gefangen von nur noch von den gleichmäßigen Augenstrahlen, mit Strahlkraft wie die Sonne. Ich stammelte: „Oh – Pardon", sie ebenfalls, „Oh – Pardon", (kein Sorry, auch nur französisch: Pardon).

Wusste in diesem Augenblick auch nicht, mit wem ich zusammengestoßen war. Mir schoss es durch den Kopf, ohweh, Prinzessin Diana, mit ihren ebenfalls zwei jungen weiblichen Bodyyards. Mein Blick nach draußen, da tummelten sich aufgeregt ca. 30 Paparazzi am Geländer des Lech-Baches. Ihre Fotoapparate auf die Eingangstür vom Sporthaus gerichtet.

Prinzessin Diana von Wales stand jetzt mit dem Rücken am dortigen internationalen Zeitungsstand und sah zu mir herüber. Mit ihren Augen schien sie mich zu mustern, auch ich starrte zu ihr unentwegt hinüber. Ich stand da wie ein dummer Holzklotz. Hätte mit meinen Armen und Schultern doch noch einmal mein Bedauern zu dem Zusammenstoß machen können; doch in diesem Moment war ich nicht perfekt, stand da wie ein sturer Klotz. Darüber ärgere ich mich heute noch. So etwas Ähnliches ist mir auch später nicht mehr passiert.

Jahre vorher hatte ich auch einmal nicht so richtig geschaltet. Das war diesmal aber nicht das einzige Mal für mich, als ich nicht souverän gehandelt hatte: Bei einem sommerlichen Stau auf der Autobahn standen zwei Autos dicht nebeneinander. Es war sehr heiß gewesen und es ging eine halbe Stunde überhaupt nicht weiter. Ich hing mit meinem Oberkörper fast einen halben Meter aus dem Autofenster, um mehr Kühlung zu bekommen. Dasselbe tat auch eine Dame aus dem nebenstehenden Autofenster. Es war die prominente Ehefrau unseres damaligen Bundespräsiden Walter Scheel. Frau Dr. Mildred Scheel, in Köln geboren, hatte 1974 die „Deutsche Krebshilfe" gegründet, deren Präsidentin sie 1979 wurde. 1985 erlag Mildred Scheel selbst einer Krebskrankheit.

Wir sahen uns lange an, doch ich Stoffel grüßte sie leider nicht. Ich hatte sie erst nicht richtig erkannt, später stand ich auf dem falschen Fuß. Heute tut mir mein Versehen immer noch leid, zählt dies doch eigentlich immer dazu, immer hellwach zu sein.

Zurück zum Wintersportort Lech/Zürs. Für viele Skifreunde ist dies das Paradies. Diese beiden Orte, im verein mit Stuben und St. Anton, haben mittlerweile mehrere hundert Lifte und die tollsten Skigebiete, und sind kreuz und quer miteinander verbunden und in Anspruch zu nehmen. Zu den ersten prominenten Gästen waren viele Adelige, die Königshäuser aus den Niederlanden, Spanien, Belgien und später England, zum Arlberg gereist. Für viele Adelige, Schöne und Reiche war und ist es immer noch, der jährige Urlaub am „weißem Arlberg", eine Pflichtübung.

Die niederländischen Royals mit Königin Beatrix mit ihrem Ehemann Klaus von Amsberg, kamen immer traditionellerweise, im Februar ins „Hotel Post", nach Lech. Ihre drei Söhne Willem-Alexander und seine Brüder Prinz Friso und Prinz Constantinjn, konnten wir oft auf den Skipisten dort sehen. Es kam auch verschiedene Male zu einer knappen Begrüßung mit ihnen, auf den verschiedenen Pisten und Liftstationen. Manchmal war auch ein Aufpasser bei der königlichen Gruppe, aber nicht immer.

Für alle Einheimischen im Ort war es die Regel, die Privatsphäre ihrer Gäste im höchsten Maße zu schätzen und zu respektieren. Auch darum kamen die Gäste auch immer wieder. Eigentlich bis heute.

Nur einmal waren zwei andere Skikurse voller junger Menschen so frech, dem holländischen Königshaus in der Nacht, vor dem dortigen Hotel Post, ein Ständchen zu bringen. Sie hatten sich vorher verständig, nicht zu grölen, sondern diszipliniert schöne Lieder nett und bedächtig zu singen. Schon beim ersten Lied: Guten Abend – gute Nacht", kam der Hotelier der „Post" und bat, dies doch zu unterlassen und seine Gäste nicht zu stören. Dies machten wir, gingen danach zum Tanz in den „Tannberger Hof." Erst früh am Morgen kamen wir in unsere Unterkünfte.

An einem Karfreitag fiel uns auf, dass einer unserer Teilnehmer an unserem Skikurs ein evangelischer Pfarrer war. Auf unsere Frage, ob er an diesem Tag nicht in seine Kirche ging, sagte er nur: „Hier gibt es keine evangelische Kirche", sonst hätte ich selbst eine Messe dort gehalten". So ging ich nach dem Skikurs gegen 16 Uhr zum katholischen Pastor von Lech, selbst ein Skiläufer, und bat ihn um sein Gotteshaus, um dort eine evangelische Messe feiern zu dürfen: Dies erlaubte er sofort. Jeder von unserem Skikurs hatte eine Aufgabe bekommen. Der junge Arzt, Vorname Eide, musste die Orgel spielen, ein anderer schnell Plakate malen und verteilen, ein dritter vom Kurs sollte nach dem Gottesdienst das Opfergeld einsammeln und ich hatte die Aufgabe, in die Hotels und Ferienhäuser zu gehen und kundzutun: „Heute ist um 19 Uhr evangelischer Gottesdienst!" Im Hotel „Zur Post" konnte ich mit dem Ehemann der Königin Beatrix, dem Prinzen Claus von Amsberg, den Termin genau abstimmen. Später in der Kirche standen wir nebeneinander und verabschiedeten uns einander höflich. Nur unser evangelischer Pfarrer vom Skikurs hatte bei seinem „Segensgruß" am Ende der Messe, eine Bewegung von oben nach unten gemacht, doch den Querbalken in der Luft vergessen. Dieser unser Pfarrer war auch nicht sehr geübt in seinem Beruf, er arbeitete eigentlich als Lektor, in einer großen Stadt, in einem evangelischen Liederbuchverlag.

Neben den vielen Königshäusern waren auch der Österreichische Bundeskanzler wie Werner Faymann u.a.m., oder Formel 1 Weltmeister Sebastian Vettel, EU – Kommissar Günter Öttinger, US – Schauspieler Jason Biggs (American Pie), die Sängerin Nena, Sänger Herbert Grönemeyer, Xavier Naidoo, Robbie Williams, Mode Tommy Hilfiger, Ex-Telecom Ron Sommer, Schauspieler Hugh Grant, ständige Gäste von Lech am Arlberg.

Bei aller Freude an meinem Skilaufen am Arlberg war ich auch der Kinderbetreuer von Onkel und Tante. So hatte ich mit jugendlichem Leichtsinn die Kinder auf einen Schlitten gesetzt und bin die Dorfstraße in Richtung Warth gegangen. Am

Ortsende war die Durchgangsstraße abgesperrt wegen Lawinengefahr. Ich sah mir den relativ steilen Hang an, wollte aber noch etwas weiterwandern. Heute ist es ja sehr kalt, da gibt es keine Lawinengefahr, werde ganz vorsichtig gehen und den Berghang immer im Auge behalten. Sollte etwas ins Rutschen geraten, dann bin ganz schnell ja aus der Gefahrenzone; so dachte ich. Das war aber so dumm von mir, Gott sei Dank passierte aber auch nichts.

Doch in der gleichen Woche war ich wieder etwas zu leichtsinnig. Am späten Nachmittag wollte ich nach dem Skilaufen noch etwas an meiner Kondition arbeiten/trainieren. Ab 16 Uhr werden ja die Skilifte abgestellt. Ich wusste, in der Höhe über 1.500 m ist die Luft für eine Leistungssteigerung des Körpers günstig. Das wollte ich ausnutzen.

Da auch die ca. 5 km lange Strecke den Berg hinauf nach Zürs, auch wegen Lawinengefahr gesperrt war, war die Voraussetzung dafür ja nicht so gut. So grübelte ich auch hier, wage ich es oder wage ich es nicht. Das Verbotsschild an einem Ständer war schnell verschoben, ich wollte ja trainieren. Auf dieser Straße gab es vormals keine Lawinenüberbauungen, wie es sie heute dort so gibt. So lief ich los, immer den Blick auf die gefährlichen Hänge gerichtet.

Auf einmal hörte ich Autogeräusche. „Das kann doch nicht wahr sein, die Straße ist doch gesperrt, das dachte ich spontan." Da kam auch schon ein schnittiger französischer „Citroen" ganz langsam an mir vorbei. Auch der Fahrer schaute immer auf die steilen Skihängen, die ja heute Lawinengefahr bedeuteten.

Und da hörte ich schon ein Rauschen und Poltern, bumst machte es und das Auto war bis zur Dachkante in einer kleinen Lawine verschwunden. Ich hetzte herbei, grub mit meinen Armen und Händen den Schnee zur Seite, bis das Seitenfenster des Wagens sichtbar wurde. Ein älterer Fahrer war schneeweiß und blass im Gesicht, mit meiner Hilfe zog ich ihn aus dem Autofenster. Ich begleitete ihn bis zum ersten Haus zurück nach Lech, wo wir von dort einen Krankenwagen anrufen konnten. Obwohl ich etwas unvernünftig gewesen war mit dem Einschätzen der Gefahrenlage, hatte diese Geschichte jedoch einen glücklichen Ausgang gehabt für den Autofahrer.

In der Nähe dort am Arlberg, in St. Christoph, wurde im Jahre 1386 die Bruderschaft von Heinrich Findelkind, eines Waisenkindes und einfachen Viehhirten gegründet. Sie zählt heute mit über 20.000 Mitgliedern aus aller Welt zu den größten caritativen Einrichtungen des Alpenraumes.

Diese Bruderschaft St. Christoph hat sich der Unterstützung von in Not geratenen Familien und Kindern verschrieben. Finanziert wird die Einrichtung durch Jahresbeiträge der Mitglieder, den vielen zusätzlichen Spenden und verschiedenen Benefizveranstaltungen. Die rein ehrenamtliche Tätigkeit der Schwestern und Brüder sind der Grund dafür, dass in den vergangenen Jahrzehnten kein einziger Euro für Verwaltungskosten ausgegeben wurde. Die Bruderschaft war in den letzten über 600 Jahren stets geprägt von Menschen, die bereit waren, für arme und von Leid gezeichneten Mitmenschen etwas zu tun.

Als die Tunnelröhren des Arlberg-Tunnels gebohrt wurden hatten 14 Bauarbeiter dort ihr Leben verloren. Die Bruderschaft war sofort zur Stelle, die Familien zu unterstützen. Eine Gedenktafel befindet sich am Westportals des Arlbergtunnels. Heute ist das vor allem die Familie Werner, die die Bruderschaft seit 1962 führt. Das Arlberg-

Hospiz-Hotel in St. Christoph ist Sitz der Bruderschaft. Das Credo der Bruderschaft ist das Helfen.

Im Hotel des Arlberg-Hospiz-Hotel sind auch viele prominente Skifahrer und Skifahrerinnen gezählt worden. Die Fürstin Gloria von Thurn & Taxis, Willy Bogner oder die Familie Flick, wie auch die vielen ungezählten Menschen, die gerne unerkannt bleiben möchten, wie auch das Hotel selbst, dass sie die private Sphäre ihrer Gäste schützt.

Bei einer bestimmten Spende wird der oder die Person gebeten, sich hinzuknien, um dann mit einem Schwertschlag auf die Schulter zur Ritterin oder zum Ritter gekürt zu werden. Dazu gibt es eine schöne Urkunde und auch einen Autoaufkleber mit dem Wappen der Bruderschaft St. Christoph. So sollen sich alle in diesem Ritterorden auch untereinander „duzen" dürfen, was mich mal veranlasste, obwohl ich selbst nicht zum Ritter geschlagen worden war, dies schamlos bei einer zufälligen Begebenheit auszunutzen. Durch die Verleihung des Ordens an meinen Onkel kannte ich den Autoaufkleber und die damit bestehen Rechte.

Da war ein dicker Mercedes in unserem Ort unterwegs und die Lenkerin suchte das schicke Kurhotel. Der Autoaufkleber war nicht zu übersehen. So sagte ich mit einem freundlichen Gesichtsausdruck: „Hallo Schwester", ich fahre mit meinem Fahrrad vor dir her und zeige dir das gesuchte Hotel!" Sie staunte, lächelte verklärt und sagte: „Danke lieber Bruder"! So hatte ich mir etwas erlaubt, was ja eigentlich nicht richtig war. Sie hat sicherlich gedacht, ich sei auch wirklich ein Ritter von St. Christoph.

Freund Leo, seines Zeichens auch „Staatlich geprüfter Skilehrer", war mit mir in ein Skigebiet gefahren, was eigentlich über mein Können weit hinaus ging. Mit mir war er in ca. etwas über 3.000 m Höhe unterwegs gewesen, weit weg von einer Pistenabfahrt. Hinter einem Felsen stand ein Achtungsschild mit der Aufschrift: „Durchfahrt verboten – Lawinengefahr". Ich rief Leo noch zu: „Hier dürfen wir nicht hinunter!" Er antwortete nur kurz: "Das Schild steht auch im Sommer hier", komm – und schon war er weg! Zurück traute ich mir die Abfahrt nicht zu und fuhr Leo hinterher. Da kam plötzlich zwischen zwei Felsenstücke eine Eisfläche, ich rutschte seitlich aus und nach ca. 30 m wäre ich ca. 200 m abgestürzt. Leo hatte „Gott-sei-Dank" dies geahnt, hatte sich hingeschmissen und mir quasi mein Leben gerettet.

Einige Zeit später hatte RTL – Radio Luxemburg, in unserem Kurpark, mit Kurgästen im Ort und vielen Clubmitgliedern, zu einem „öffentlichen Quiz zur Mittagszeit", gerufen. Von meinem Verein war ich mit einer Anneliese dort hinbeordert worden. Quizmaster war der bekannte Radiomacher Egon – Hugo Balder. Wir Kandidaten hatten ein wenig Lampenfieber und landeten auch nur im Mittelfeld der Kandidaten.

Egon Hugo Balder und ich verabredeten uns für den nächsten Nachmittag auf unserer Tennisanlage im Park. Nach dem gemeinsamen Spiel tranken wir noch irgendwas im Clubhaus.

Da dem beliebten Quizmaster noch Zeit blieb lud ich ihn mit seiner Frau, zu uns nach Hause ein. Meine Frau freute sich darüber sehr und wir verbrachten einige schöne gemeinsame Stunden. Der örtliche Kaplan war zufällig auch zu dieser

Runde gekommen und die Unterhaltung verlief fröhlich und heiter. Unsere Tochter Mirl kam mit ihrem Album, nebst einem Kugelschreiber, dazu und bat jetzt: „Lieber Hugo, schreib mir bitte etwas in dieses Buch!"

Ohne auch nur eine Minute zu überlegen nahm er den Schreiberling und schrieb ohne zu überlegen: „Da sitze ich bei zuhause, und denke ohne Pause. Was schreib ich bloß in dieses Buch? Der Pfarrer meint, nur keinen Fluch. Bei euch hier ist alles in Butter. Du, die Tochter, Vater und die Mutter. Vielleicht auch später mal dein Mann, dies wünsch ich dir, von meinem ganzen Herzen, Dein Egon Hugo Balder.

Bei all den kleinen, oft unwichtigen Dingen und Geschichten gab es auch ganz traurige Ereignisse, die man nie vergessen kann. Es tut immer noch unendlich weh, wenn einem bei einer schlimmen Geschichte, die erzählt werden dürfte, so viel Leid wieder einmal einfällt.

Als Verantwortlicher meines Vereines fragt man sich immer wieder, hätte ich dieses Unglück vermeiden können? Doch die Antwort tut immer wieder weh. Man kann es nimmer ungeschehen machen:

Dagmar Gebhardt und Rita Hoff verloren ihr Leben.

Die Mannschaft der „Weiblichen Jugend" und die Herrenmannschaft nahmen gemeinsam an einem der ersten legendären „Balla – Balla – Turnieren bei Rot-Weiß Köln teil. Alle hatten sich wunderbar kostümiert, geschminkt, die Mädchen alle in einem einheitlichen rot – schwarzem Teufelchen - Kostüm, mit Hörnern auf dem Kopf und einem Teufelsschwanz erkennbar. Da das Turnier über zwei Tage dauerte, wurde in Köln – Müngersdorf übernachtet. Bis morgens fünf Uhr dauerte das wüste „Balla – Balla - Fest" im dortigen Rot-Weiß Klubhaus.

Am Karnevalssonntag, spät am Nachmittag, ging es zurück nach Hause im clubeigenen Bus. Generell wurden die Kinder und Jugendlichem nach einem Auswärtsspiel von den Trainern immer an der eigenen Haustür abgesetzt. Es sollte niemand etwas passieren. Dieses Mal drängelten die Mädels mich jedoch, nach dem schönen Turnier bei RWK, in der italienischen Eisdiele neben der Post, noch einen Kakao zu trinken wollen. Heute machte ich mal eine Ausnahme dachte ich und ließ schweren Herzens diesen Wunsch mal zu. Es war gegen 16 Uhr gewesen und ich fuhr nach Hause.

Nachts um 1 Uhr wurde ich jäh aus dem Schlaf gerissen und torkelte zum Telefon. Unser Vorsitzender schrie in den Hörer: „Was hast du gemacht – was hast du gemacht? Dagmar und Rita sind tot und Körnchen liegt im Koma!" Meine Gedanken tobten durcheinander und schlaftrunken verstand ich eigentlich nichts. So langsam sortieren sich meine Gedanken und ich versuchte, unserem Vorsitzenden, was ich wusste, den Sachverhalt zu erklären:

Die Mädchen waren in der Eisdiele angekommen, hatten ihren Kakao bestellt. Ein 20jähriger Koch war auch dort und sie kamen ins Gespräch. Er hatte dann unsere Spielerinnen zu einer Spritztour in seinen Ford – Mustang eingeladen. Dagmar, Rita und Körnchen waren dann in seinen Wagen eingestiegen und sie waren in Richtung Nürburgring unterwegs. Auf der langen Gerade der Döttinger Höhe, neben der Rennstrecke der Nordschleife, müssen sie mit hoher Geschwindigkeit unterwegs gewesen sein. Aus der dort befindlichen Tankstellenausfahrt war ein PKW gekommen und es kam zu dem grausamen Geschehen des furchtbaren Unfalls. Der Wagen des Kochs hatte sich mehrfach überschlagen, unsere Spielerinnen lagen bis zu 50 Metern auseinander auf der Straße. Der Fahrer, Dagmar und Rita starben und Körnchen hat mit schwersten Verletzungen überlebt und lag ein Jahr im Krankenhaus. Die ganze Stadtbevölkerung, Hockeydeutschland. Alle waren geschockt. Wir haben dann 20 Jahre alljährlich ein Erinnerungsturnier für Jugendmannschaften organisiert, im Gedenken an unsere lieben verstorbenen Clubmitgliedern.

Nach dem Unfall wollten wir lange Zeit kein Hockey mehr spielen. Unsere Verpflichtungen mit anderen Vereinen hatten wir alle abgesagt. Es wird uns lebenslang immer weiter traurig stimmen, dass Dagmar, Rita und Körnchen nicht mehr mit ihrem fröhlichen „Hallo", auf den Hockeyplatz oder in die Sporthalle kommen können.

Einige Jahre später hatte unseren Club ein weiteres Unglück ereilt. Die komplette Damenmannschaft wurde per Hubschrauber ins Krankenhaus geflogen.

Ein weiterer schlimmer Unfall durch Glatteins auf der Autobahn 555, Bonn nach Köln, hatte einen anderen Fahrer ereilt. Gut gelaunt und fröhlich hatte die Fahrt mit den Hockeydamen begonnen und die Erwartungen, auf ein schönes Turnier, war kurz vor Wesseling vorbei. Plötzlich rutschte unser Kleinbus in den Straßengraben, überschlug sich. Auf älteren Bildern erkennt man das total eingedrückte Dach des Wagens. Schmerzen, Stöhnen, Entsetzen war vorhanden. Die Rettung kam schnell. Alle Spielerinnen wurden per Hubschrauber in die Unfallklinik Köln – Merheim, geflogen und dort fürsorglich versorgt. Eine Stürmerin hatte alleine 28 Brüche erlitten. Der Heilungsverlauf dauerte entsprechend lange, war Gott sei Dank erfolgreich war. Noch am selben Tag kamen von vielen Clubs aus ganz Deutschland, von Schwarz - Weiß Neuss, Rot-Weiß Köln und vielen anderen aufmuntere und liebevolle Genesungswünsche. Das WDR – Fernsehen hatte den Unfall aufgenommen und am Abend in ihrem Bericht gesendet. Es haben uns dann viele andere Hockeyvereine angerufen, angeschrieben und ihr Mitgefühl gezeigt. Trotz allem Leid waren wir angetan von so viel Anteilnahme.

Das Leben ging weiter. Beim Studium an der Kölner Sporthochschule hatte ich den Stundenplan extrem voll bekommen. Am ersten Tag wurde mir schnell beigebracht, dass sich hier alle „duzen". Ich hatte auch großen Respekt, wenn ich in den Hörsälen oder auf den Sportanlagen plötzlich neben einem Weltmeister, einer Weltmeisterin, saß. Auch war ich bei den Dozentinnen und Dozenten sehr zögerlich, diese zu duzen, der Respekt auf ihre Leistungen hielte mich zurück. Aber es war doch dort ein Traumstudium, stets mit aktiven, fröhlichen Studentinnen und Studenten, alle schön in einheitlicher Trainingsbekleidung oder Badebekleidung, zusammen zu sein. Doch viele der Studierenden hatten auch Geldprobleme. Damals gab es noch kein BAföG, das Bundesausbildungsförderungsgesetz für eine staatliche finanzielle Unterstützung in Studium und Schule, war unbekannt. Heutzutage können Studierende und zum Teil auch Schülerinnen und Schüler, diese Hilfen beantragen. So mussten viele von uns Studierenden manchmal am Abend hungrig ins Bett gehen oder auch hungrig in den Hörsälen sitzen, oder auch auf die Sportplätze gehen, was auch manchmal weh tat. Ein wenig Geld konnte man aber auch an der DSHS Köln sich verdienen, wenn man zum Labor ging und dort an „blutigen Untersuchungen" teilnahm oder bei

Schwimmprüfungen, z. B., wenn es um das Abschleppen im 14 Grad kalten Freibad ging, ein kleines Taschengeld bekommen.

Aber plötzlich kann sich aus dem heiteren und fröhlichen Leben alles verändern. Frohgelaunt freuten sich Kamerad Jochem und ich, an den Tennismeisterschaften des Tennisverbandes Rheinland – Pfalz in Koblenz, an einem Pfingstwochenende, an den Start zu gehen. Unsere Spiele waren für den Pfingstsamstagmorgen, 11 Uhr angesetzt. Noch am Vortag hatten wir fleißig trainiert und unsere Vorfreude war riesig.

Um 8 Uhr an diesem Pfingstsamstag sind wir mit einem Lloyd 400, genannt „Leukoplastbomber", losgefahren. Die Strecke führte über die B9, war aber noch nicht wie heute ausgebaut. Hatte auch noch keine Leitplanken und wenige Linien. Diese Bundesstraße war rappelvoll. Pfingsten wollten tausende Menschen an diesem Wochenende nach Italien reisen, die A 61 nach Süden gab es noch nicht. Kurz vor Koblenz war es zu einem Stau gekommen. Ca. 200 bis 300 m vor dem Stau fuhren wir mit ca. 80 km/h. Ich schaute meinen, den das Auto fahrenden Tennisfreund von der Seite an. Warum fängt er nicht an zu bremsen, dachte ich. Ich sah ihn mit großen Augen nach vorne blicken. Ach, dachte ich, Jochen will mir mal wieder eine scharfe Bremse vorführen, wie viele junge Leute das schon mal machen. Ich wurde schon ein wenig nervös und wartete auf Jochens endlichen Bremsvorgang. Noch 80 m, 50 m, instinktiv bei ca. 30 m vor dem Stauende, stützte ich mich gegen das hölzerne Armaturenbrett, ab. 10 m vor dem Aufprall riss Jochen das Steuer nach links und fuhr kurz vor dem Aufprall in den Gegenverkehr. Ich sah noch einen hellblauen VW, eine Frau riss die Arme hoch, es krachte, die beiden Autos schleuderten herum, ich spürte Schmerzen in der Brust, im Kopf. Ich wurde dann aus dem Auto geholt, war eingeklemmt zwischen dem Armaturenbrett und Sitz. Die ganze Straße war mit Benzin übergossen. Zum Glück hatte kein Autofahrer eine brennende Zigarette aus seinem Autofenster geworfen, was viele Menschen machten, wenn sie im Stau standen oder wie bei uns, um die Unglückstelle, fuhren. Wir wären dann sicher alle verbrannt. Ich wurde dann relativ schnell in einen Krankenwagen gelegt. Hier war es total still. Ich hatte vier Rippen gebrochen und war im Gesicht verletzt. Dann kam ein Polizist und fragte die Krankenschwester im Krankenwagen: „Sollen wir heute am Pfingstsamstagabend zum Tanzen gehen?" Die antwortete kaum, schüttelte nur ihren Kopf und sagte zu ihm: „Die Frau ist dort doch tot, ich kann doch heute nicht mit dir ausgehen!"

Ich stieß einen Schrei aus: „Ist sie tot?" Sie nickte nur. Ich spürte nichts mehr, war total geschockt. Man fuhr mich und den auch sehr verletzten Ehemann, den VW – Fahrer, ins Koblenzer Brüderkrankenhaus. Freund Jochen hatte den Unfall relativ leicht überstanden. Im Krankenhaus sagte ich später zu ihm, er solle zu dem VW – Fahrer gehen und ihm sagen, wie leid es ihm sei, was passiert sei. Das konnte Jochen nicht.

Ich bin dann nach zwei Tagen, dort im Brüderkrankenhaus ins Nebenzimmer gegangen und habe um Verzeihung für meinen Freund und mich beim Ehemann gebeten, für den furchtbaren Tod seiner jungen Ehefrau. Das ist an der dieser traurigen Geschichte auch noch besonders, weil das verunglückte Ehepaar von der Nahe, auf dem Weg zu unserem Tennisclubvorsitzenden war.

Jochen wurde später auf zwei Monate auf Bewährung verurteilt, weil er übermüdet gewesen war. Er hatte in der Nacht vorher im Kurhotel bis 4 Jahr in der Frühe als Kellner gearbeitet. 2 Jahre später hatte Jochem 2 Runden, beim

Tennisturnier bei Roland Garros, in Paris, überstanden. Gesehen haben wir uns dann nie mehr.

----

4 Jahre nach Ende des 2. Weltkrieges hatte unser Klub schon früh mit den „Internationalen Tennisturnieren" begonnen. Auch die Kurverwaltung war so weitsichtig wie auch die Spielbank, so früh für den Kurort zu werben. Mit dem Geld der damals gutgehenden Spielbank wurden die „letzten 16 Herren und die letzten 8 Damen vom Tennisturnier in Wimbledon" gelockt, bei uns zu spielen. Dieses Konzept ging auf. Der Direktor der Spielbank, Gustav Jaenicke, war früher in den 1935 und 1937 Deutscher Tennismeister gewesen und hatte mit dem bekannten Tennisbaron, Gottfried von Cramm", auch Tennisgeschichte geschrieben.

Zu dieser Zeit war Tennis in Wimbledon noch eine Amateurgeschichte. Geld wurde dort noch nicht ausgezahlt. Anders war es bei unserem Club. Hier bekamen die Spieler Geld „unter der Hand", wie man so sagte. So waren die „besten 16 in Wimbledon", einige Zeit lang, ständige Teilnehmer an unserem Turnier, in Deutschland, einmalig. Selbst der weltbekannte Grand-Slam-Sieger Rod Laver gewann in Wimbledon, und eine Woche später, zweimal unser Turnier. Zu dieser Zeit war unser Turnier das bestbesetzte Turnier in ganz Deutschland. Wir Einheimische trainierten mit diesen Stars und konnten Freundschaften schließen.

Wenn wir zu Turnieren fuhren, bekam man manchmal ein kostenloses Quartier bei den dortigen Clubmitgliedern oder durch Sponsoren angeboten.

Einmal hatte ich bei einem U 23 – Pfingstturnier beim TC Boehringer in Ingelheim gemeldet. Es lief ganz gut für mich, nur im Endspiel war mein Gegner stärker. Ein kleiner Pokal tröstete mich aber. Nun wollte ich nach dem Finale mit dem Zug nach Hause reisen, doch in den drei Tagen hatte ich mein ganzes Geld ausgegeben. Wie konnte ich nur nach Hause kommen? So ging ich einige Kilometer zu Fuß zur Bundesstraße 9 und wollte per Anhalter heimkehren. Außer meinen Tennisschlägern und einer mittelgroßen Sporttasche hatte ich nichts bei mir. Da stand ich in weißer Tenniskleidung, in kurzer Hose, hielt den Arm nach oben, doch niemand hielt mit seinem Auto an. Die A 61 war noch nicht gebaut, der ganze große Pfingstreiseverkehr ging von Norden nach Süden und umgekehrt, nur über die B9. Tausende Autos fuhren an mir vorbei. Ich winkte stundenlang, doch niemand hielte an. Vielleicht sahen viele in mir mit den vielen Tennisschläger eine Gefahrenquelle.

Nach 4 Stunden, keiner hatte angehalten, ging ich zu Fuß, immer am Rand der Straße, die ca. 14 km nach Bingen. Hier wollte ich in den Abendzug in Richtung Bonn einsteigen. Gegen 22 Uhr war es so weit. So war ich etwas erleichtert in den Zug eingestiegen, doch es dauerte nicht lange, da stand der Zugschaffner vor mir: „Die Fahrkarte bitte!" Meine Tränen kamen von alleine. Ich war vom Endspiel zur Mittagszeit, dem stundenlangen "Autoanhalte Versuchen am Straßenrand und den 14 km Wanderweg nach Bingen, total kaputt. Erst schüttelte der Bahnkontrolleur seinen Kopf, dann bat er mich, den Zug zu verlassen. Aber irgendwie muss ich ihm leidgetan haben und er ließ mich im Zug. Ich sollte aber daheim, an meinem Zielort, so schnell als möglich, meine Fahrkarte mit der Nachgebühr bezahlen. Das tat ich dann auch, als ich am Heimatbahnhof angekommen war.

In der Jugendzeit spielten wir oft Tennis von morgens bis in die Nacht. Wir wollten immer in unserem Spiel etwas besser werden. Manchmal stand die Mutter abends am Tennisplatz und rief: „Komm´ jetzt nach Hause, du musst noch deine

Schulaufgaben machen!" Besonders, wenn wieder ein Turnier anstand, gab es keine Trainingspausen. Wir wollten in unserem Spiel immer besser werden. Zum Lohn durften wir auch gegen Landesmeister, Daviscupsieger oder sonstige Kanonen die Tennisschläger kreuzen.

Manchmal fehlte auch das Geld, in Hotels oder in einer Pension, übernachten zu können. In Pörtschach am Wörthersee legte ich mich um Mitternacht einfach neben meinem Dun-Buggy, ein Strandauto mit sehr breiten Reifen, auf eine Luftmatratze. Es war auch um diese Zeit noch sehr heiß. Da lag ich dort mitten im Kurviertel. Nach ca. 2 Stunden wurde ich von der Polizei geweckt und wurde aufgefordert, in ein Hotel zu gehen. Doch da mir das Geld fehlte, durfte ich mein Notlager vor dem Polizeiamt aufschlagen.

In München – Schwabing hatte ich mal nach einem Turnier bei „Iphitus", es mir in meinem Tempo – Wiking – Bus, richtig bequem gemacht. Es war ein richtiger Oldtimer mit Vorhängen an den Fenstern. Plötzlich gegen 4 Uhr in der Nacht, wurde ich durch das starke Schaukeln meines Autos, geweckt. Ich nahm die kleinen Vorhänge zur Seite und sah in weit aufgerissene Augen. Ein Trunkenbold starrte mich an, torkelte fort und versuchte dabei, seine Hose wieder zu schließen. Die nassen Spuren in einer Art Schlaufenform auf der Straße in München-Schwabing, waren nicht zu übersehen gewesen.

Bei einem unserem großen eigenen internationalen Tennisturnier war unter anderem der italienische Meister Sergio Taccini am Start. Er war gerade Meister von Italien geworden und kam direkt vom Turnier in Wimbledon zu uns. Als Mitglied unserer Turniergilde begleitete ich ihn in eine kleine Kurpension, in der Straße, in der ich auch wohnte. Der Club hatte für ihn das Zimmer bezahlt, es war eine bescheidene Summe. Die von ihm selbst gegründete Firma

„Sergio Taccini" für Tennis- und Sportmode, aber auch für Ski, Fitness und Segeln war schon gewaltig groß, trotzdem war er Gast des Veranstalters. Damals wollten alle Leute mit einem Taccini – Tennishemd herumlaufen. Die damaligen Weltstars wie Jimmy Connors, Nastase, McEnroe, Natratilova oder die Autorennfahrer Ayrton Senna, alle liefen mit der Mode von Serio Taccini, herum. Über 200 Boutiquen gab es bald in Europa, später hat sein Sohn dieses Geschäft für 27 Millionen verkauft. So hatte der Tennisclub dem jungen Tennisstar und sehr erfolgreichen Geschäftsmann, die kleine Kurpension bezahlt, so ist es halt oft üblich.

Dagegen gab es auch weltbekannte Tennisspieler wie Pancho Segura aus Ecuador, (1921 – 2017), er war Weltmeister. „Es braucht nicht mehr als einen Tennisschläger, um dieses Spiel zu spielen", hatte er uns mal erklärt. Man muss nur ständig, ständig trainieren; dies waren seine ständigen Worte Er hatte sein Können sich selbst beigebracht und war auch ja wirklich Weltmeister geworden…

In Wimbledon in England durften damals nur Amateure spielen. Die Siegprämie im Herreneinzel lag bei ca. 300 englischen Pfund. Wilhelm Bungert aus Mannheim hatte in Wimbledon das Herreneinzel – Finale knapp verloren und bekam damals, umgerechnet, 150,-- Deutsche Mark; mit dem Abendessen mit seinem Vater war das ganze Geld an einem Tag ausgegeben.

Damals sind Pancho Segura, Jack Kramer und Pancho Gonzales u.a.m. zu den Tennisprofis gewechselt und hatten ihre eigene Schau gegründet. So zogen sie über alle fünf Erdteile und verdienten ihr Geld. Sie machten auch Schaukämpfe in Bad Neuenahr, die damalige Spielbank hatte dies koordiniert.

Nach den Spielen wurden den Profis das Geld übergeben und sie reisten dann weiter nach New York. Nur Pancho Segura hatte zu wenig Geld, um die Reise dorthin mitmachen zu können.

Spät am Abend ging ich nochmals durch das Clubhaus und die dortigen Umkleideräume. Da saß Pancho Segura nach dem Duschen alleine im Raum und weinte bitterlich. Ich versuchte ihn zu trösten und er erklärte mir, er wolle gerne nach Dulles in Texas, dort hätte ein Millionär ein Tennisturnier organisiert; dort wolle er hin, hätte aber kein Geld für das Flugticket. Das gesamte Preisgeld würde eine Million ausmachen, nicht für den Sieger alleine, für alle Sieger zusammen. Das war damals eine Sensation, so einen großen Turnieretat hatte es bislang noch nie gegeben. Er weinte unaufhörlich weiter, herzergreifend.

So ging ich zum Spielbankdirektor Gustav Jaenecke, er war ja früher auch Deutscher Meister gewesen und erzählte ihm diese Geschichte. Freund Gustav hatte Verständnis und die Möglichkeit, Pancho Segura das Flugticket zu bezahlen.

Dieses Turnier in Texas war der Beginn einer Serie von Tennisturnieren, wo jedes Wochenende irgendwo auf der Welt ein Turnier gespielt wird; wo die Preisgelder immer höher werden. In Dallas/Texas hatte das damals alles begonnen.

Eine tolle Begebenheit veränderte mein Leben komplett.

Da kam das Glück herangerauscht.

Auf unserer Tennisanlage, am Eingang der Plätze 5/6, da kam sie lässig, lächeln hereinspaziert. Mir stockte der Atem, sie war so schön, so anmutig.

Allen meinen Mut nahm ich zusammen und sagte: „Hallo, spielst du auch hier?" Die Schönheit lächelte und nickte.

„Können wir mal zusammenspielen?" Ich hatte mit einer Abfuhr gerechnet, doch sie lächelte süß und nickte. „Geht es morgen schon um 10 Uhr?" Sie nickte nur.

Da ich schon jahrelang hier die Tennisschläger geschwungen hatte, konnte ich meiner neuen Bekannten die Tennisbälle präzise zuspielen. Am Ende der Spielzeit hatte meine neue Partnerin sich sehr gut angestellt und uns beiden hatte diese Partie gut gefallen.

„Sollen wir morgen am Sonntag nochmals miteinander zusammenspielen?" Ich war doch von ihrer Anmut angetan. „Geht leider nicht, fahre morgen mit meiner Freundin Hannelore an den Wörthersee", dabei lächelte sie so lieb. Schade, entgegnete ich, vielleicht ein anderes Mal.

Am Dienstagmorgen fand ich in unserem Briefkasten auf dem Postamt, zu meiner Überraschung, eine Postkarte mit nur einem Satz: „Kannst du nach hier kommen, habe mich mit meiner Freundin verkracht?!" Mein Herz hüpfte, oh-weia! Mein Entschluss stand sofort fest, da fahre ich morgen hin. Ich tankte schon unseren Buggy voll auf und sagte meiner Mutter nur, ich muss unbedingt zum Wörthersee und düste los.

Die Sonne strahlte den ganzen Tag. Mit dem offenen Strandauto vergingen Kilometer und Kilometer rasant wie nie, ich sang mit dem Autoradio um die Wette. Meine Vorfreude, meinen Tennisschwarm zu sehen, war grenzenlos, die ca. 1.000 km vergingen wie im Fluge. Bald sehe ich sie wieder, das waren ständig meine Gedanken. Je länger noch die Fahrt dauerte, umso sicherer war ich, sie könnte meine feste Freundin werden. Dann kann ich wieder mit ihr Tennis spielen.

Immer wieder malte ich mir in Gedanken aus, wie es mit ihr weitergehen könnte. Ob sie wirklich sich ehrlich freut, wenn sie mich ankommen sieht? Dies dachte ich die ganze Zeit. Wie wird sie reagieren? Vielleicht hat sie mir ihre Postkarte zu früh geschrieben und sich mit ihrer Freundin Hannelore wieder vertragen und ich bin umsonst ihr nachgereist. Während meiner Fahrt nach Kärnten an den Wörthersee spielte ich viele Situationen durch, wie unser Treffen vielleicht aussehen könnte.

„Vielleicht freut sich meine neue Tennispartnerin von der letzten Woche wirklich", dachte ich mir. Das wäre doch so toll!

Dann fuhr ich mit meinem Auto erst durch Velden, dann noch die 4 Kilometerweiter nach Pörtschach und suchte die Kurpension, wo die beiden Urlauberinnen abgestiegen sein konnten. Straße für Straße fuhr ich ab, da sah ich sie ganz oben auf einem Hügel stehen, sie riss ihre Arme hoch und rannte mit hohem Tempo die steile Wiese hinab und fiel mir um den Hals. In diesem Moment war mir klar geworden: „Da wird meine Ehefrau", sein. Wir drückten uns ewig lang und sie stellte mir ihre Freundin vor, mit der sie sich zwischenzeitlich wieder versöhnt hatte.

ALDT und die „Intensiv-Station" im Krankenhaus!

An einem Samstagmorgen war der Sohn bereit gewesen, mit seinem Vater in die Tennishalle zu gehen. Schon nach den ersten Tennisschlägen bemerkte der Vater, sein Sohn sah so ganz anders aus als sonst. So fragte der Vater immer wieder: „Wie geht es dir, fühlst du dich gut?" Die Antwort war immer die gleiche, „ja, mir geht es wirklich gut!" Und er lachte und erlief jeden Ball und schlug ihn kräftig zurück.

Doch dem Vater war es komisch. Komm doch mal ans Netz, sagte er zu seinem Sohn. „Du bist ja ganz blau im Gesicht!" „Au – weh, auch deine Hände sind ganz blau!" Und wir beide fuhren dann ganz direkt ins Krankenhaus „Maria-Hilf". Vor der Hauptpforte dieses Krankenhauses stand zufällig ein junger Arzt, sah uns und rief: „Bitte sofort stehenbleiben, keinen Schritt weiter!" Und er stürzte in Haus hinein und kam nach einigen Sekunden mit einem fahrbaren Krankenstuhl zu uns.

„Platz da!", rief er und fuhr mit unserem Sohn blitzschnell zum Fahrstuhl, wir müssen auf die Intensivstation! Im Aufzug rief er mit seinem Handy dort schon an, alles entsprechende und wichtige Nötige, wurde dort vorbereitet. Dort angekommen wurden dem Sohn die Kleider vom Leibe gerissen. „Der arme Junge, so jung!" Entsetzen in aller Augen! Eine Krankenschwester kam mit einer Spritze, wollte ein intravenöses Medikament in seinen Arm spritzen, sie rieb mit einem Lösungsmittel den dunkelblauen Arm von oben bis unten ab, erschrak furchtbar, als ihre Reinigungswatte sich plötzlich blau verfärbte: „Huh, was ist das denn?" „Die Watte wir ja ganz blau!" Dann murmelte sie nur noch: „Was ist denn das?" Der Arzt verstand die Welt nicht mehr. Plötzlich ein befreiendes Lachen von allen Anwesenden. Arme, Hände, Beine und Füße wurden von der blauen Farbe gereinigt. „Oh – Gott sei Dank"! Hörten wir die Ärzte sagen, das hat aber noch einmal gutgegangen mit dem jungen Menschen.

Was war passiert gewesen? Einige Tage vorher hatte die Mutter bei ALDI schicke Bettwäsche gekauft, sofort einmal gewaschen und in die Schränke gelegt. Als nun die Bettwäsche getauscht wurde, begann das Drama. Die Bettwäsche von ALDI „färbte" fürchterlich. Überall, wo die nackte Haut mit der neuen und danach gewaschenen Bettwäsche in Berührung war, Gesicht, Arme, Hände sowie Beine und Füße, war alles dunkelblau abgefärbt, von der fehlerhaften Bettwäsche.

Der Vorfall hatte sich an einem Samstagmorgen ergeben. Morgens um 10 Uhr hatte der Vater mit seinem Sohn das Tennisspiel begonnen. Gegen 12.30 Uhr war das Krankenhaus verlassen worden. Da kam die Idee auf, schnell zu ALDI zu fahren, nicht um sich zu beschweren, sondern um zu warnen, damit anderen Personen diese Geschichte nicht auch passieren sollte. Das dortige Personal war sehr unhöflich, sprach, wir machen um 14 Uhr zu. Sie wollen wohl Schadenersatz und Geld zurück, nein, dies wollen wir nicht, sagen wir immer wieder. „Nur warnen", damit es anderen Kunden nicht auch so ergehen sollte. Die Gespräche waren nicht nett. Doch einige Tage später kam von ALDI ein Entschuldigungsschreiben, neue Bettwäsche und viele Süßigkeiten, Weine und Blumen. So reagierte der Konzern richtig.

Wer viel Sport treibt verletzt sich manchmal und der Körper zeigt auch oft einen großen Verschleiß, wenn man es wirklich übertreibt. Da ergibt sich manche kleine Story: In Heidelberg war es bei mir zu einem Zusammenbruch gekommen, mein Puls soll damals über 220 Schläge geschlagen haben, als ich bei einem Turnier zusammen- gebrochen war. Bei einem Turnier beim Oktoberfest in München machten gleich vier Spieler schlapp, hatten die am Abend vorher doch zu viel gefeiert.

Bei einem längeren Aufenthalt im Koblenzer Bundeswehr – Krankenhaus wurde ich von einem Militärarzt behandelt, der früher bei der ersten Herzoperation bei Professor Barnard in Kapstadt dabei war. Er erklärte uns, worum der damalige Patient später gestorben war: Das transplantierte Spenderherz sei fehlerhaft gewesen, so lernt man immer wieder etwas dazu.

Später kam in diesem BW – Krankenhaus die Morgenvisite mit 12 Personen an mein Bett. Alle ganz in weißer Kleidung, die Chef-, Oberärzte, alle hatten Achselklappen auf ihrer weißen Bundeswehrdienstkleidung. Auf meine Frage, wer mich denn operiert hätte kam die Antwort, nach langen Überlegungen," von uns keiner". Der OP – Arzt wäre nur zu meiner Operation gekommen, um sein Wissen an andere Ärzte weiterzugeben und dann sofort wieder abgereist. Meinen Dank in Form von Rotwein habe ich an ein anderes Krankenhaus an ihn geschickt.

Mit meiner Hockeymannschaft hatten wir bei einem Turnier in Bishop`s Stortford, in England, zugesagt. Ich hatte die Abfahrt verpasst und musste mit einem späteren Zug nachreisen. Meine Mannschaft hatte einen Vorsprung von ca. 8 Stunden. So kam ich gegen 22 Uhr an der Küste in Calais, in Frankreich, an. Ich wartete auf die Fähre, besser gesagt, auf das Luftkissenboot, Hovercraft, um auf die britische Insel nach Dover zu kommen. Den Eisenbahntunnel gab es zu dieser Zeit noch nicht.

Der Namensteil, „Hover", für ein Luftkissenboot, gab es damals noch nicht. Die in den 1960er Jahren als Revolution gefeierte Technologie hatte sich aber über den Ärmelkanal nicht gelohnt. Das Wasser der Nordsee ist oft zu unruhig, so konnten die Boote auch nicht immer auslaufen.

Heute fahren Züge durch die ca. 50 km lange Strecke durch den Eurotunnel nach England. Als ich damals dort etwas nach 22,00 Uhr angekommen war, waren die Mannschaftskameraden schon am Zielort in England, wo am nächsten Morgen das Turnier stattfinden sollte.

Ich stand da einsam und verlassen an der Nordseeküste und musste mehr als 2 Stunden auf die Überfahrt warten. Was also tun? Mein Hockeyschläger sollte mir die Zwangspause verkürzen und so dribbelte ich auf dem schrägen Autoparkplatz, hin und her. Aus einem kleinen Kontrollbüdchen schaute mir ein Kontrolleur, Inder oder Pakistani, mir einsam, aber ständig, zu. Dann kam er aus seinem Wachhäuschen heraus und sagte mir, er hätte vor vielen Stunden meine Kameraden genau hier an dieser Stelle, gesehen.

Er hatte ihnen die Pässe, Gesundheitspässe streng kontrollieren müssen, denn ohne diese Unterlagen durfte und darf man ja nicht nach England einreisen. Von mir wollte er aber nicht meine Einreiseunterlagen sehen, vielleicht hatte er dies zu tun vergessen oder ich kam ihm als Hockeyfreund vertrauensvoll vor. Vielleicht hat er früher auch mal Hockey gespielt und ich war für ihn ein zuverlässiger Freund. Vielleicht zähle ich heute zu den wenigen Personen, die jemals ohne Passkontrolle nach England eingereist sind.

Als wir älter geworden waren und auch andere Ämter in unserem Club übernommen hatten, erinnerten wir uns an bekannten Bundes- und Landesminister, wenn wir nach Pokalen oder sonstige Ehrengeschenke für die späteren Siegerehrungen Ausschau gehalten hatten. Auch wenn wir Grußworte in den vielen Programmheften benötigten, sprachen wir diese Promis an.

Das taten sie in der Regel auch gerne. Den Bundeskanzler Helmut Kohl konnten wir nur einmal, damals bei der Durchführung einer Tennisweltmeisterschaft, ansprechen, um an Pokale für die Siegerehrung zu kommen. Andere Prominente, wie zum Beispiel der damalige Außenminister Genscher, und andere, wie Manfred Wörner, spendierten uns öfters solche wichtigen Pokale für die Siegerehrungen.

Ganz besonders großartig hatte sich der Bundesminister der Verteidigung, Volker Rühe, engagiert, als es um den Hockey–Länderkampf, der Bundeswehr gegen das Militär der Niederlande, ging. Auf allen unserer Briefe hatte er ein „grünes Kreuz" geschrieben, was bedeutet hatte, dies ist Ministersache und durfte nur von ihm bearbeitet werden. Es war eine besonders großartige Veranstaltung gewesen, der

Minister selbst machte vor dem Länderspiel mit der hiesigen Ahr - Weinkönigin das „Bully-Anstoßen", drei Fallschirmjäger aus Saarlouis brachten aus 1.500 m Höhe den Spielball aufs Spielfeld und 4.800 Zuschauer sahen dem Hockeyspiel interessiert zu, zudem das Heeresmusikcorps III aus Düsseldorf, die beiden Nationalhymnen gespielt hatten. Der Minister hatte sofort nach dem Spiel im nahen Kurgarten, vor 6.000 Zuschauern, eine Rede gehalten und war gefeiert worden. Bei dieser Veranstaltung gab es auch einen Spendenaufruf für bedürftige Kinder und Jugendliche.

Später kam ein Brief vom Bundesministerium der Verteidigung – Bundesminister Volker Rühe, Bonn 15.09.1994:

Auf diesem Weg möchte ich mich noch einmal sehr herzlich bedanken für die mir zugesandten Zeitungsausschnitte über die Eröffnung des Hockey–Kunstrasenplatzes bei ihnen und die so sehr gelungenen Fotos.

Mit Ihrer guten Organisation haben Sie eine Veranstaltung auf die Beine gestellt, die für alle Beteiligten ein großartiges Erlebnis war und zugleich einem guten Zweck diente.

Mit freundlichen Grüßen und herzlichen Dank.

Ihr Volker Rühe.

Manchmal genügten Telefonanrufe, um vom Bundesarbeitsminister Norbert Blüm, dem 1. Bürgermeister aus Hamburg, Dr. Henning Voscherau, dem DSB – Präsidenten Manfred von Richthofen und anderen mehr, Pokale und Grußworte, zu bekommen. Oft kamen sie auch persönlich zu uns und wir hatten viel Freude und fühlten uns toll angenommen.

Vom DHC Düsseldorf war eine Einladung gekommen, mit dem dortigen Oberbürgermeister Joachim Erwin. mit einem Hubschrauberflug, zur Neueröffnung der dortigen Sportanlage, am Seestern, anwesend zu sein. Daraus ergab sich dann später noch eine enge Beziehung.

Schon als Student und Praktikant beim „Verband der Reservisten der Bundeswehr" hatte man es in der Bonner „Ermekeilkaserne", mit dem damaligen jungen Minister Franz-Josef Strauß, zu tun. Der damalige Bundesverteidigungsminister hatte bunte Reiterfiguren auf den Bücherregalen in seinem Büro stehen und historische Soldatenbilder an den Wänden aufstellen lassen. Ein anderes Mal mussten wir zu einem „großen Zapfenstreich" auf der Bonner Hardthöhe erscheinen, Verbindungen entstanden unerwartet. Nach diesen Staatsakten, immer direkt danach, ist stets ein Sektempfang, vorgesehen.

Eines Tages gab es ein Abschiedsnehmen von den Spielerinnen der Nationalmannschaft aus Neuseeland. Sie hatten, wie viele andere Nationen auch, hier bei uns ihr Trainingslager durchgeführt. Zum Abschied nach 12 tollen Tagen gab es noch ein Damen–Länderspiel gegen Deutschland. Wir hatten uns vom Club vorgenommen, ein besonders guter Gastgeber zu sein, auch die Stadtverwaltung war dabei mit an Bord. In meiner Erinnerung ist geblieben, als wir zum Abschied auf dem Hockeyplatz Songs von der schwedischen „ABBA" – BAND einspielten, die Spielerinnen ganz kräftig tanzten, dabei in die Hände schlugen und immer wieder „Ebber – Ebber", für ABBA - ABBA, riefen und dabei tanzten. So war es auch sehr rührend, als zum Schluss das Lied von Andreas Bocelli und Sarah Brightman ertönte: „Time to say goodbye"; da flossen viele Tränen und wir lagen uns in den Armen.

Und auch die Damennationalmannschaft von China lernten wir kennen und schätzen. Vor den Olympischen Spielen in Athen wollten die Verantwortlichen aus China ein Trainingslager für ihre Mannschaften in Griechenland ausrichten. Dort wurden sie aber nicht pfündig, es fehlten Kunstrasenplätze und auch entsprechende Hotels. Dann versuchten die Chinesen, in den Nachbarländern etwas für sie Passendes zu finden; aber auch ohne Erfolg. Die Führung der Sportlerinnen aus Fernost riefen dann beim „Deutschen Hockeybund, DHB", an und fragten, ob sie in unserem Land eine Möglichkeit für ihr Trainingslager finden könnten.

Der DHB wiederum fragte bei uns an, ob wir dieses 4wöchentliches Trainingslager stemmen könnten? Das reizte mich sehr und wir stimmten diesem Wunsche zu.

Wir buchten einen großen Bus für die 40 Personen, (Spielerinnen, Trainer, Funktionäre), und holten sie am Köln-Bonner Flughafen ab. Für uns sahen die Mädchen in roten Trainingsanzügen fast alle gleich aus, gleich nett und auch in der Körpergröße gleich groß. Auf der Fahrt in unsere Stadt sangen sie uns schon die ersten Lieder.

Bei der Durchfahrt durch unsere kleine Stadt hatten alle Spielerinnen ihre kleinen Stupsnasen an den Busfenstern und riefen: „Oh, this city is so clean, but all people are so old!" Sie konnten auch nicht wissen, dass unsere Stadt ein Kurort war.

Das Training der Gäste aus dem fernen Osten war brutal hart. Schon morgens um 6 Uhr rannten sie durch die Kuralleen, mussten an den Bäumen einen Spagat machen und ab 8,00 Uhr waren sie mit mehreren Trainern auf dem Hockeyplatz. Der Zeitplan, Arbeit, Erholung war auf die Minute vorgeplant. Da kamen 3 Männer, extrem frech ins das

Hotel Elisabeth, dem Wohnort für die 40 Chinesinnen und Chinesen und verlangten vom Hotelier, Herrn R., die Schlüssel von den vielen Toiletten im Hotel. Es waren die strengen Dopingkontrolleure.

Das Hotel hatte sich wirklich große Mühe gegeben, ein perfekter Gastgeber zu sein. Sie hatten für die Spielerinnen aus China Stäbchen gekauft, in Blitzeseile einen neuen Fahnenmast und eine China – Riesenflagge, erstanden. Und bei der Küchenbegehung konnten die Mädels aus Fernost nur staunen, wie sauber die Edelstahlküche und die vielen Vorratsräumen waren. So etwas hatten sie noch nie gesehen.

Nach einigen Tagen haben sich mich gefragt, weil ich immer in ihrer Nähe war, wie sie mich ansprechen dürften? Ich wollte ihnen zuerst meinen richtigen Vornahmen sagen, ich hatte die Lippen quasi schon vorgeformt, als mich etwas rheinisches „juckte". Ich sagte: My name is: „Ming -Sching-sin futsch". Ming-sching-sin-futsch." Ganz langsam und im Chor übten sie unermüdlich, bis die jungen chinesischen Nationalspieler diesen Namen perfekt auf ihrem Schirm hatten. So redeten sie mich die ganzen vier Wochen an. Und zwei Jahre, bei der Weltmeisterschaft in Mönchen – Gladbach, als sie mich wiedersahen, riefen sie immer wieder: „Ming – Sching- sin – futsch." (Für nicht Rheinländer heißt das: Meine Geldscheine sind verschwunden).

Weil wir zufälligerweise sehr gute Voraussetzungen für unsere deutschen Nationalmannschaften hatten, bei uns zu trainieren, und auch viele Sponsoren halfen uns dabei, und die Stadtverwaltung half ebenso, konnten wir auch die sogenannten „Goldmedaillenfeste", für die Sieger, bei uns ausrichten.

Im Rückblick konnten wir mit Länderspielen, Turnieren, Meisterschaften oder Spielen oder Festen folgende Nationen bei uns begrüßen: Argentinien, Belgien, Chile, China,

Dänemark, England, Frankreich, Irland, Italien, Luxembourg, Neuseeland, Niederlande, Österreich, Polen, Schottland, Spanien, Ungarn, Wales oder Zimbabwe, ja, auch neue Freunde finden.

In den Sommermonaten 1971 war im Pörtschacher Kino der Film: „Schön ist es auf der Welt zu sein", am Nachmittag, als Premierenfilm, aufgeführt worden. Als die 10jährige Norwegerin Anita Hegerland, erstmals mit Roy Black, dass bis zu dieser Zeit unbekannte Lied, sangen, gab es schon während der Filmvorführung den ersten riesigen Applaus. Wir haben applaudiert wie verrückt. Auch beim Filmende wurde im Kinosaal noch eine halbe Stunde später, dieses bisher dahin unbekannte Lied, begeistert gefeiert. Das hatten wir noch nicht erlebt.

Am Abend wurde dieser Film mit geladenen Gästen beim „Filmball", nochmals, feierlich im Festsaal gefeiert. Neben Roy Black mit der kleinen Anita strahlten um die Wette: Uschi Glas, Peter Weck, Theo Lingen, Ilja Richter, Gunter Philipp, Peter Alexander, Elmar Wepper, Georg Thomalla, Helmut Fischer und viele andere. Bis spät in den Abend blieben die Gäste bei dieser Party am schönen Wörthersee. Für uns Tennisspieler ging das Turnier am nächsten Tag im dortigen Ort, weiter.

Das nächste Turnier, eine Woche später, wurde in Bad Wiessee am Tegernsee gespielt. So brauchten wir nicht lange von einem Turnierort zum nächsten reisen. Dort waren Teilnehmerinnen und Teilnehmern aus 10 Nationen am Start gewesen. Bei der Fete am Abend hatte meine Frau und ich uns der Mannschaft aus Israel angeschlossen. Sie waren darüber sehr erfreut, wir hatten alle viel Spaß und feierten sehr lange in die Nacht hinein.

Wir sind aber später mit unserem knallgelben VW – Buggy, ein soggenanntes Strandauto, nochmals zum Wörthersee zurückgefahren, um noch dort Urlaubstage zu verbringen. Dieses Modell war in Österreich wie auch in Deutschland noch unbekannt. Es zog alle Augen auf sich. Da wurden wir von einer ZDF - Gruppe angehalten und gefragt, ob sie für eine Sendung mit dem Schlagerstar Chris Roberts, dessen Lied: „Du kannst nicht immer 17 sein!", unseren Buggy für diese Filmaufnahmen haben könnten". Sie würden uns dafür den neuen Mercedes von Chris Roberts für diese Zeit zur Verfügung stellen. So tauschten wir für zwei Tage die beiden Fahrzeuge, ich hatte aber auch das ZDF gebeten, unsere Autonummer AW auch aufzunehmen und auch auszustrahlen, dazu meine Begleiterin neben Chris Roberts zu platzieren. Genau so geschah es. Chris Roberts sang dann sein Lied, das wurde in der „Drehscheine" später am Abend, gegen 17 und 18 Uhr, ausgestrahlt.

Chris Roberts war ja zwei Tage mit dem offenen knallgelben Buggy-Auto unterwegs. Wann immer auch er die Strandpromenade in Pörtschach oder Velden befuhr, sprangen die Teenager am dortigen Boulevard von ihren Cafétischen auf und jubelten ihrem Musikstar Chris Roberts zu.

Da ergab es sich, als wir den Tausch der beiden Autos rückgängig gemacht hatten, als ich selbst wieder unser Auto fuhr, dass die Mädchen an ihren Tischen wohl aufgesprungen waren, aber sehr enttäuscht waren, dass nicht ihr Chris Roberts am Steuer saß, nur ich. Konnte ich aber verdauen. Der Wörthersee ist der größte See Kärntens und aufgrund seiner klimatischen Lage einer der wärmsten Alpenseen.

Bei einem Kurzbesuch daheim fand ich eine Einladung zu einer Eröffnungsvorlesung eines Familienmitgliedes in die Universität von Kiel. Dieser Verwandter, ein herzensguter Mensch, hatte wirklich alle seine Mitarbeiterinnen und Mitarbeiter, die Studierenden, die Putzfrauen des Universitätsgebäudes, alle zu dieser Vorlesung eingeladen. Und alle waren auch gekommen.

Sein privates Haus stand am Nord – Ostsee – Kanal, einem imposanten Bauwerk von 98 km, durch den mehr Schiffe in jedem Jahr fahren, als durch den berühmten Suezkanal oder den Panama – Kanal. Um von der Ostsee in die Nordsee zu kommen, kürzen die Schiffe den sonst über 400 km langen Umweg, durch den Nord – Ostsee – Kanal, gewaltig ab.

Vor der Antrittsvorlesung war ich nach langer Autofahrt in der Dunkelheit spät an der Küste angekommen. Mein Verwandter hatte mir vorher eine Wegbeschreibung zu seinem Haus zugeschickt gehabt. Da erkannte ich eine sehr lange Strecke durch unbekanntes und unbewohntes Gebiet. Dabei holperte das Auto von Schlagloch zu Schlagloch.

Als ich am nächsten Morgen guterholt beim Gastgeber erwachte, mich im Bett ein wenig umdrehte, sah ich eine sehr hohe Wand vor meinem Zimmerfenster, die sich bewegte. Ich dachte, ich träume. Was ist das für eine Wand, die sich in eine Richtung fortbewegt? Am Ende waren verschiedene Farben, auf einmal war die Wand weg. Das kann doch kein Schiff in diesem Garten gewesen sein?

Da kam ein kleines Modell. Nun erkannte ich, das ist tatsächlich ein Schiff, ein Schiff welches scheinbar durch den Garten fährt. Obwohl ich schon mal von einem Nord – Ostsee – Kanal in der Schulzeit gehört hatte, kam mir jetzt alles so unwirklich vor. Ja, so ist es, wenn man auf dem berühmten langen Schlauch steht.

Komischerweise sind es die kleinen Sachen, die einem total überraschen. Da übte die junge Tochter gerade mal, mitten im Sommer, für ihren Klavierlehrer, das alte Mainzer Karnevalslied: „Heile, heile Gänschen, es wird schon wieder gut!" An diesem heißen Sommermittag klingelte bei uns zuhause plötzlich das Telefon, ich nahm den Hörer ab und eine Stimme sagte ganz aufgeregt: „Da spielt ja bei euch einer gerade das Lied von unserem Uropa!". Es war da am Apparat ein Nachkommen des Komponisten Martin Mundo, der gerade für seinen Verein, dem Hockeyclub Schott Mainz, einen Spieltermin abstimmen wollte. Er hieß ebenso wie sein Uropa, Martin Mundo.

Es war der Anfang einer sehr engen Verbindung zwischen unseren beiden Vereinen. Es folgte dann später für eine Abordnung von uns zu einer Einladung zur legendären Karnevalssitzung „Mainz bleibt Mainz" im dortigen kurfürstlichen Mainzer Schloss, mit der wir mit vielen unserer Clubmitgliedern anreisten. Später revanchierten wir uns mit einer Einladung an die „Meenzer" Karnevalisten und Hockeyfreunde, zu unserem großen Nikolausball im Kurhaus. Sie brachten als ihr Gastgeschenk für uns gar eine „Tausendjahre alte römische Dachziegel" mit.

Überall im Lande gibt es jegliche Mengen von verschiedenen Clubs/Vereine, die sich auf vielen Gebiete einbringen, für die Allgemeinheit etwas zu tun. Ohne solch einen Einsatz wäre es weniger schön für uns alle. Weil wir in unserer Stadt und Umgebung gesegnet sind mit guten Sportanlagen, wollten wir auch auf diesem Gebiet noch etwas mehr tun. Und wir trauten uns. Und so bewarben wir uns schnell für die Durchführungen von vier „Deutschen Hochschulmeisterschaften" in den beiden Sportarten Hockey und auch Tennis. Der „Allgemeine Hochschulsportverband", mit Sitz in Hamburg, glaubte erst an einen Scherz, als unser Club sich für so eine Durchführung beworben hatte. „Ihr seid doch nur ein Verein in einer kleinen Stadt. „Wie wollt ihr hunderte Studentinnen und Studenten in eurer Stadt unterbringen?" Dann folgte die Frage: „Habt ihr genügend Sportanlagen und insbesondere viele Kneipen, die jungen Leute wollen doch am Abend gerne feiern?" In Heidelberg, Tübingen, Hamburg oder München, oder sonst in einer großen Stadt, ist dies doch nur möglich?" „In einem kleinen Kurort ist das doch ausgeschlossen möglich!"

Wir hatten dann die Vertreter des Hochschulsportverbades von Hamburg zu uns eingeladen. Sie staunten über das großartige Angebot von Sportanlagen, deren Sauberkeit und wie wir uns auch die Feste alle vorstellten. Mal mit über 600 jungen Menschen, nicht verteilt in viele Kneipen, sondern gemeinsam in einem großen Kurhaussaal oder sonstigem Festsaal, feiern, dies war für sie unbekannt und kaum glaubhaft.

Aber so lief es später dann auch so ab. Wir hatten uns viel einfallen lassen, damit die jungen Studierende wirklich eine tolle Zeit bei uns hatten. Wir hatten unzählige kostenlose Privatquartiere für die jungen Leute bereitgestellt, der DJ kam sogar aus Paris, (Monschy), Es gab Geschenke und Ehrenpreise genügend. Wo wir besonders stolz drauf waren, die Preise fürs Essen und Trinken waren quasi fast kostenlos. Ein Schmalzbutterbrot kostete auf bestimmten Festen nur 10 Cent, und wenn einer dies auch nicht mehr hatte, bekam er es umsonst.

Natürlich gab es bei so einer 3 – Tage – Veranstaltung nicht nur unbändige Freuden, doch wo junge Heranwachsende auch mal etwas mehr über ihren Durst getrunken hatten, gab es Vorfälle, die nicht so schön waren. In einem 4 – Sterne – Hotel bohrten die Teilnehmer in die wertvollen Hoteltische, mit den „Rebkorkenziehern", die wir jedem Teilnehmer zur Erinnerung geschenkt hatten, Löcher. Aber von den 617 Teilnehmern waren das nur 7, die uns so enttäuschten.

In diesen vergangenen Tagen ereigneten sich zwei Geschichten, die einen wirklich erstaunen ließen. Freund Herbert ging in der abendlichen Dämmerung nochmals in sein Büro, dabei musste er einen Park durchqueren. Plötzlich stand ein junger Mann vor ihm und schrie: „Geld her", dabei schoss er mit einer Pistole in die abendliche Dämmerung. Genau so laut schrie Herbert zurück: „Mein Geld bekommst du nicht, nein, bekommst du nicht!" Und tatsächlich, der junge Gangster floh, rannte in die gerade beginnende dunkel werdende Nacht.

Unglaublich aber auch wahr: Einen Monat später, morgens um halb Elf, stürmte ein Mann mit einem Gewehr in der Hand in die örtliche Volksbank und schrie ebenfalls: „Überfall, alles hinlegen!" Es dauerte damals nur ca. 2 Sekunden, da lagen ca. 7 Leute auf dem Boden, nur Herbert schrie: „Mit meinem neuen Anzug lege ich mich nicht auf den Boden, nein, nein, niemals!" Und so unglaublich das hier klingen mag, auch dieser Gauner kam nicht an sein Ziel. Diese Geschichte ist verbürgt.

Wenn man als Lehrperson auch mal auf die sogenannten kleinen Dinge schaut, bleibt einem manchmal die Spucke weg.

Oft sind es Geschichten, da schmunzelt man, oft kann es aber auch vorkommen, da ist großer Einsatz verlangt.

Damals, wenn Reisen in eine Jugendherberge angesagt waren, hatten wir die Kinder oder auch Jugendliche angehalten, eine Postkarte an die Eltern zuhause zu schreiben und ihnen zuzuschicken. Wenn wir diese Bitte am Tage der Anreise vorgetragen hatte, dauerte es nicht lange, da brachten fast alle Kinder uns diese Karten. In der Mehrzahl wurden damals die Eltern wie folgt informiert: „Wir sind eben angekommen, das Essen ist schlecht und es gibt jede Menge Mücken. Liebe Grüße Eure/Euer!" Dabei hatte es überhaupt noch kein Mittag- oder Abendessen gegeben.

Nach dem Abendessen stand oft für die Kinder Sport auf dem Programm, die Kinder sollten sich jetzt nochmals austoben und dann den gerechten Schlaf finden. Das klappte oft nicht so recht. Wenn es um 23 Uhr noch viel zu laut war, schimpften mache Kolleginnen oder Kollegen unentwegt. Manchmal brüllte auch der Herbergsvater noch dazu, die Kinder ruhig zu bekommen. Einen Kollegen bemerkte man mal, als er es mal mit Hypnose versuchte. Er versuchte mit ganz ruhigen Worten die Kinder schläfrig zu bekommen: „Eure Beine sind schwer, eure Füße sind schwer, euer Blut sackt in eurem Körper nach unten, ihr seid so müde, eure Augen werden müde," usw. Und tatsächlich, es wurde ruhiger und ruhiger im ganzen Haus. Am nächsten Morgen waren alle Teilnehmer wieder in bester Form.

Bei einem Schulausflug in den Schwarzwald mit 6 Schulklassen und 12 Lehrkräften war es nach dem Abendessen plötzlich zu einer schlimmen Hysterie in der Jugendherberge gekommen.

In einem Schlafsaal, vor dem Abendessen, war ein Junge aus dem 6. Schuljahr im Schlafraum der Mädchen entdeckt worden. Es gab ein furchtbares Geschrei! Aber dieses Geschrei war so extrem schlimm, dass immer mehr Mädchen hysterisch miteinstimmten. Ca. 200 dieser Girls waren außer Rand und Band und schrien immer lauter. Die Jungen im großen Saal, wo ja alle zu Abend essen sollten, waren still und wie gelähmt, es sah aus, wie nach einer sehr schweren Katastrophe. So versuchten dann alle, die Klassenlehrerinnen und auch die Klassenlehrer, für Ruhe zu sorgen. Aufgrund ihrer Ausbildung hätte man annehmen können, dass dies hätte klappen können. Doch weit gefehlt. Alle Lehrpersonen versuchten es auf ihre eigene Art, aber alles war ohne Erfolg.

Doch das furchtbare Brüllen der Mädchen, jetzt stimmten auch die Jungen mit ein, steigerte sich immer mehr. Keiner wusste eigentlich, warum es zu dieser furchtbaren Lautstärke gekommen war. Alle die Lehrerinnen und Lehrer konnten die Kinder nicht beruhigen.

Auf einmal fing ein älterer Lehrer mit einer anderen Methode für Ruhe zu sorgen. Er schrie und schrie, immer lauter, immer lauter, er versuchte die Lautstärke von allen Anwesenden zu übertönen, zu überbieten. Sein Kopf ganz rot gefärbt, der schien bald zu platzen, schrie immer weiter, minutenlang. Und erst langsam wurde es ruhiger und stiller und leiser; und auf einmal war es im großen Saal totenstill. Kein einziges Geräusch war zu vernehmen, keinen Laut zu vernehmen. Und es trat eine unglaubliche Stille ein.

Die 11 von den 12 Lehrpersonen konnten es kaum verstehen, dass ihr Wirken, welches sie studiert hatte, in diesem Fall nicht funktioniert hatte, nur das laute unpädagogische Schreien ihres älteren Kollegen hatte den Erfolg gebracht. Dabei stellte sich heraus, ein Junge wollte seiner Schwester, im Mädchensaalsaal, nur etwas mitteilen.

Wieder war mal ein Turnier in München angesagt. Außer der Freude an der Sportlichkeit lockte natürlich auch das berühmte dortige Oktoberfest. Der MSC hatte für alle Mannschaften Tische und Bänke rechtzeitig organisiert.

Nach den Turnierspielen am Vor- und Nachmittag, ging es an mehreren Tagen, auch oft mit starkem Muskelkater, in die dortigen Bierzelte. Bei einem Zweikampf am Morgen mit meinem Gegner prallte der knallharte Hockeyball bei einem Zweikampf mir genau in die Zähne, deren drei davon flogen in hohem Bogen über die Rasenfläche des Spielfeldes.

Totenstille und Entsetzen auf dem ganzen Hockeyspielfeld. Vom Platz ging es sofort in die Münchener Zahnklinik, doch das Wiedereinsetzen der drei Zähne war nicht so perfekt bei mir, wie wir es alle erhofft hatten. Natürlich war der weitere Abend im Bierzelt, mit dem vielen Frotzeln der Kameraden, nicht besonders heiter oder fröhlich.

In einem Jahr vor dieser Begebenheit hatte ich schon eine einmal größere Aufregung erleben müssen. Mit dem Freund Leo waren wir am späten Abend in einer israelischen Nachtbar gelandet. Diese lag irgendwo in der Münchener Innenstadt, doch wir mussten 15 Treppenstufen nach unten hinabsteigen.

Beim Eintritt in dieses Lokal bemerkte ich am Eingang eine Person, die hinter einem Vorhang stand und ein Gewehr in den Händen hielte. Ich erschrak dabei sehr, doch Freund Leo meinte nur, ich hätte das überhaupt nicht sehen sollen, es wäre überhaupt nicht schlimm. Damit gab ich mich komischerweise einfach zufrieden. Wir feierten bis ca. 2 Uhr in der Frühe, doch auf einmal war Leo verschwunden. Aufgeregt suchte ich ihn in allen Räumen des Lokals, auch auf den Toiletten war er nicht. Da fiel mir plötzlich das vorher gesehene Gewehr wieder ein und ich wurde dadurch aufgeregt. Ich hatte kein Geld bei mir und sah mich schon verhaftet. „Wo bin ich hier bloß gelandet?", das waren meine Gedanken und

Befürchtungen. Werde ich als Zechpreller gesehen und dann verhaftet, wenn es ans Bezahlen gehen wird?

So überlegte ich nur, wie komme ich nur aus dieser Geschichte glimpflich heraus? So bat ich die Bedienung, doch die Polizei zu rufen. Doch die winkte erst einmal ab. „Warum wollen sie die Polizei rufen?", dies hörte ich einige Mal. Dann erzählte ich dem Bedienungspersonal, mein Freund hätte mich eingeladen und ich hätte kein Geld bei mir. Ich zeigte dem Kellner meinen Pass, so konnte ich die Nachtbar verlassen.

Doch oben auf dem Parkplatz des israelischen Kellerlokals standen zwei Münchener Polizeibeamte an meinem Auto. „Haben sich etwas getrunken? Geben sie uns ihre Papiere bitte!" Ich verneinte, sagte, nur Cola und Limo. „Wo ist ihr Führerschein?" Ich suchte überall im Auto, unter den Sitzen, auf allen Ablagen, fand aber nichts. Der zweite Polizeibeamte war etwas in das hellere Licht getreten und hatte mit seinem Sichtgerät meine Autonummer mit der „Flensburger Autokartei" verglichen und nach meinen dortigen Minuspunkten gesucht, doch nicht finden können.

Derweil hatte der junge Polizist besondere Wünsche an mich: „Bitte Blinker links, Blinker rechts, Rücklicht, Lampe vorne links, dann vorne rechts, Abblendlicht, Fernlicht!" Ich tat alles, was er von mir verlangte, zwischenzeitlich suchte ich auch immer wieder verzweifelt nach meinem Führerschein. Dabei sah der junge bayrische Polizeibeamte in meinem Handschuhfach ein kleines Büchlein mit dem Aufdruck: „Pater Leppich, Aktion 365". „Ist das ihr Buch?" Ja antwortete ich wahrheitsgemäß. Da rief der sehr junge Polizeibeamte seinem Kollegen zu: „Der Mann ist in Ordnung, er kann sofort weiterfahren, er ist okay!"

Und mir kam in diesem Moment die Erleuchtung, dieser junge bayrische Ordnungshüter ist sehr katholisch und kannte das kleine Buch von Pater Leppich sicherlich auch. Pater

Leppich war ein mutiger Jesuitenpater hier in Deutschland. In den 1950er und 1960er haute der wortgewaltige Redner den Zuhörern Gottes Evangelium um die Ohren. 15 Millionen Menschen hörten in auf Plätzen, Schulhöfen, gar im Rotlichtmilieu, zu. Oft waren auf Straßenkreuzungen bis zu 40.000 Zuhörer vor ihm begeistert. Er wurde als das „Maschinengewehr Gottes" bezeichnet. Manche nannten ihn „Nerventöter oder auch Poltergeist".

Wenn man als Jugendleiter oder Trainer tätig ist oder war, bekommt man von den Eltern manchmal ein Lob zu hören oder manchmal auch kritische Fragen gestellt. Selten gibt es aber auch Erkenntnisse bei denen man sich freut, was so alles sich im Umfeld des Sports noch passiert.

Da kam auch einmal ein wirklich netter Brief von Renate Lehmann – Richter mit der Überschrift: „Fahrendes Elternvolk" oder: „Morgens um 7 Uhr ist die Welt noch in Ordnung:"

Seit drei unserer Kinder in drei verschiedenen BTHV – Mannschaften den Hockeyschläger schwingen, ist unsere Wochenendwelt in Ordnung. Garantiert kein faules Gammeln am Sonntagmorgen mit ausgiebigem Frühstück um zehn, – stattdessen Treffen beim Club um acht mit bekanntem Vorprogramm („Wo sind meine Stutzen?"), („Hast du mein lila Hemd gesehen?"), („Herrje, meine Schuhe!") („Wieso dein Rock, das ist mein Rock"), („Wo steht denn das Auto?") letzteres von meinem Mann, der mal wieder den Fahrdienst macht, versteht sich!"

Vorbei die Zeiten der Qual der Wahl – gehen wir schwimmen, fahren wir zur Oma, besuchen wir Freunde oder machen wir nur „in Familie" --------- ein Blick auf den Hockeykalender, und wir sind alle Sorgen los, fast alle.

Jedenfalls, denn wir fährt nun mit nach Leverkusen und wer nach Düsseldorf?

Naja, Hockeyplätze sind alle grün und unterscheiden sich im Umfeld nach dem Grad ihrer Beheizung: (Hast du's lieber kalt, fahr nach Leverkusen – Grippe vorprogrammiert"), oder ihre Ökonomie, (vorhanden / nicht vorhanden???) Langgediente Fahrdienstlerinnen picken sich aus dem großen Fahrkuchen gescheiter-weise die „Café-Rosinen" heraus. Für andere wiederum spielt die Entfernung die ausschlaggebende Rolle – wenn man zu Nervenschwäche neigt, eine durchaus vernünftige Endscheidungsgrundlage: Taubheit, die durch den Krach begeisternder Hockeyspielerinnen oder Hockeyspieler, immer so oft verursacht wurden, gehört wohl zu den bekanntesten Berufskrankheiten fahrender Eltern. Andere wiederum lieben es kniffelig – die Übertragung der ausgehändigten Kartenskizze mobilisiert die in uns schlummernden, detektivischen Fähigkeiten, („Ausfahrt Neuss – Zentrum oder Neuss – West, erste oder zweite rechts, nein links, Quatsch!" rechts!")

Ob links, ob rechts, man kommt zu spät an. Zu spät? Selten, die Torwartausrüstung kann man im Notfall im Auto anlegen.

Frost für Fahrneulinge: Im „zweiten Dienstjahr" findest du auf Anhieb die Hockeyhalle in Bad Neuenahr, dort, wo sie steht – nämlich in Bachem. Und wenn man dann im Alter von 18 Jahren, (eines Hockeyspielers), um die Kosten eines Führerscheines ärmer, in den wohlverdienten Ruhestand treten kann, hat man auch gewiss die Kalkulation von flüssiger und fester Nahrung längst im Griff.

Die Kilometerleistung unseres Autos erfuhr seit Ausbruch vom Hockey – Zeitalters eine enorme Steigerung, die Kenntnis unserer näheren und weiteren Heimat ebenfalls. Und wer meint, Hockey-Fahrdienst trage nicht zur Erweiterung des allgemeinen Horizontes bei, der irrt. Ich bin jetzt – auch ohne aktive Hockey–Vergangenheit – imstande, -Schiedsrichter als das zu erkennen, was sie sind: befangen, ungerecht, schnöselig oder blind und nie in der Lage, es allen recht zu machen. Na ja, manchmal haben sie auch einen guten Tag, oder?

Mitgebrachte Besucher erweisen sich hingegen weniger als Beflügelung des Geistes, denn als lästiges Gegenstück, zu verführerisch die Gespräche mit Leidensgefährten am Spielfeldrand: („Hatten Sie auch solche Schwierigkeiten, die Halle zu finden?", und nur Strickprofis vollenden einen Pullover – Rücken, mit linken Ärmel, während eines „Sechs-Stunden-Turniers", weniger Versierte geraten zwischen Anfragen: („Wann haben wir das nächste Spiel?") und heißen Debatten über den Spielverlauf, ein paar entscheidende Maschen ins Abseits.

Wer nun glaubt, die Überschrift samt Text sei ironisch gemeint, der irrt (schon wieder)! Morgens um 7 Uhr ist die Welt für begeistert hockeyspielende Kinder noch in Ordnung, und was noch wichtiger ist, abends um acht Uhr, ist sie immer noch in Ordnung. Ich habe meine Kinder in Prä-Hockey-Zeiten an Wochenende wohl müde, aber „NIE" gelangweilt oder mürrisch zurückkehren sehen. Jedes Turnier oder Spiel ist ein Erlebnis für unsere Kinder. Also - warum - unterstützen wir Eltern, die wir doch einvernehmlich nur das Beste für unseren Nachwuchs wünschen, diese geliebten Aktivitäten auf dem Hockeyplatz nicht (noch?) intensiver durch Aktivitäten am Rande, selbst wenn dann für manchen von uns Erwachsen „die Welt um sieben" noch nicht ganz in Ordnung ist????!

Was man sich vornimmt, sollte man auch zu Ende führen!

Wie viele erwartungsfrohe Menschen saßen wir damals vor den heimischen Fernsehgeräten und hofften auf eine Goldmedaille für unsere deutsche Mannschaft. Wir zitterten, fieberten erregt mit so vielen Sportsfreunden und hatten uns vorgenommen, bei dem Erringen der Goldmedaille, organisieren wir hier an unserem Heimatort, für die deutsche Mannschaft, zum Dank ein „Goldfest".

Vorgenommen war vorgenommen! Wenn auch heute in der schnelllebigen Zeit viele Ereignisse schnell an Attraktivität verlieren und in Vergessenheit geraten, wir begannen sofort mit den nötigen Vorbereitungen. Wo und wie wird gefeiert? Was können wir den „Goldjungens" bieten außer unserer Landschaft und unseren freundlichen Gesichtern? Schnell kamen die vielen Ideen ein Gesicht und viele Hände und Geldgeber halfen uns dabei.

Unser Club hatte dann die Olympiasieger von Peking, nach dem Gewinn der Goldmedaille von Peking, an die Ahr eingeladen. Wir hatten die Feierlichkeiten minutiös durchgeplant. Eine Stipp - Visite in die offizielle Dokumentationsstätte des „Kalten Krieges" war ebenso dabei wie der Eintrag ins „Goldene Buch" der Stadt an der Ahr, und der Besuch des „Bachemer Weinfestes". Rund 15 Spieler und DHB -Mitglieder folgten der Einladung.

Zu ihrem einjährigen Goldmedaillenfest nach dem Gewinn des Edelmetalls in Peking schossen die „Goldherren", in der dunklen Röhre des Bunkers der Bundesregierung, aus allen Rohren mit ihren Hockeyschlägern, die Hockeybälle alle in die Dunkelheit des langen Tunnels.

Vorher wurde im Clubhaus zur Begrüßung des Teams um den Mannschaftsführer Timo Wess ein Begrüßungstrunk gereicht. Punkt 12 Uhr begann mit einem vielseitigen Mittagsessen ein Unterhaltungsmarathon im rasenden Tempo. Mit einem offenen Planwagen, geschmückt mit schwarz-rotgoldenen Bändern, mit den Flaggen aus China und Deutschland, mit Musik für die Ohren und Getränken für die Gaumen, wurde durch die Innenstadt mit dem Kurviertel, mit den vielen dortigen Besuchern, gefahren.

Weiter auf dem Planwagen ging es nach Marienthal zum Beginn einer Wanderung auf dem legendären „Rotweinwanderweg". Im herrlich im Hang gelegenen Hotel - Restaurant Hohenzollern, hier weilten schon viele Persönlichkeiten wie Kaiserin Soraya, der russische Ex – Präsident Gorbatschow oder Thomas Gottschalk, wurden die Spieler von Ludger und Carin Volkermann großartig verwöhnt, mit Kaffee und Kuchen, sowie dem legendären Ahrrotwein.

Nach den Worten des Stadtoberhauptes zur Begrüßung erinnerten sich die Hockeyspieler an ihre tolle Zeit in Peking, erzählten, lachten untereinander, derweil im Video, zugeschickt von der Botschaft Chinas, sahen sich die Spieler selbst beim Einmarsch ins Olympiastadion. Das hat dem „Goldschmid", Bundestrainer Markus Weise, auch besonders gefallen.

Angestrengt war für die Olympioniken dann auch noch der Besuch beim „Bachemer Weinfest", wo sie vor tausenden Besuchern ebenfalls ihre Becher leerten, flirteten, sangen und tanzten. Die Einheimischen staunten mit offenen Augen über so viel Lebensfreude, Trink- und Feierfestigkeit, gepaart mit gutem Benehmen der deutschen Spieler. Nach Mitternacht ging es ins Hotel und dort schliefen sie sich für ihre Heimfahrten wieder gesund und fit.

Auch für die deutschen Goldmedaillengewinnerinnen von Athen durften wir ein ähnliches Programm auch gestalten. Auch den deutsche Damennationalmannschaftspielerinnen hatte es gut gefallen.

Es ist natürlich immer viel Arbeit, Feste und größere Turniere zu organisieren, doch macht es einem ja auch Freude, wenn die Gäste zufrieden und fröhlich wieder abreisen. Eine kleine Aufstellung soll mal kundtun, wen wir alle mal engagiert hatten, damit es ein besonderes Fest geben sollte oder war:

Heeresmusikkorps der Bundeswehr, Kölner „Blaue Funken", Wormersdorfer Landsknechte, (Fanfarencorps), Rocco Granata, Peanuts, Bönnsche Swing Trüppche, Mary – Salon – Band, Siegfried-Service-Band, PATRIZIUS, Polnische – ungarische Band, Zigeuner-Duo, DJ Monschy/Paris, Batida de Samba, Heitere Kurkapelle. Dazu hatten die Clubs/Vereine oft ihre eigenen Kapellen oder Bands mitgebracht, mehrmals brachten sie auch eigene Sängerinnen oder Sänger mit und für in die einzelnen Programmabende.

Wenn wir Veranstaltungen in 1.500 Mann - Zelten organisiert hatten, kam auch schon mal auch die Polizei, wenn es in der Nacht zu spät geworden war. In einem Jahr waren 6 holländische Vereine einmal angereist, die alle ihre eigenen Musikgruppen mitgebracht hatten und die sich auch selbst auf der Bühne präsentieren wollten. Da war erst im Morgengrauen Schluss. Schon bei Beginn des Festes standen die Gäste schon auf den Bänken, statt auf ihren Plätzen zu sitzen.

Es gibt bei größeren Veranstaltungen leider auch schon mal Gäste, die in ihrem Übermut, oder wenn sie dem Alkohol zu sehr zugesprochen hatten, manchmal nicht so schöne Erlebnisse.

Die Stimmung bei einem Karnevalsturnier mit belgischen und holländischen Mannschaften hätte nicht besser sein können. Bis morgens um 4 Uhr wurde gelacht, geflirtet, getanzt und gebützt. Danach mussten wohl alle schlafen gehen, denn am nächsten Morgen standen die Überkreuzspiele und danach die Endspiele an.

Aber irgendwie hatte der Alkohol einer Mannschaft aus Köln so zugesetzt, das sie nach dem Fest ein altes, doch wertvolles Klavier in ihrem wirren Kopf vom zweiten Stock des Hotels Astoria, auf die Hauptstraße warfen. Ob es sehr verstimmt war oder nicht, das konnte nach dem Totalschaden keiner mehr feststellen. Total verstimmt war aber der Hotelier Remagen. Sicherlich möchten sie als Leser dieser Geschichte wissen, wir es mit dieser Freveltat weiter ging. Die Kölner Mannschaft, die dieses traurige Geschehen ausführte, kam nach ein paar Tagen für den gesamten Schaden auf und blieb nichts schuldig. Auch hatten sie sich ausführlich für ihr schlechtes Benehmen beim Hotelier Remagen entschuldigt.

Bei vielen unseren Turnieren passierten Dinge, die wir vorher nicht erwartet hatten. Hinter der Sporthalle standen Fernsehübertragungswagen von WDR, RTL und Sat1 hintereinander.

Plötzlich war große Aufregung in der Sporthalle. Kurzschluss, überall absolute Dunkelheit! Kurzschluss, Fernsehleute ratlos. Der Hallenwart Eller hatte eine Ahnung, er raste in den ersten Umkleideraum mit seiner Taschenlampe. Da war alles klar! Polnische Nationalspieler standen mit Werkzeugen in den Händen, auch bleich im Gesicht, auf den Umkleidebänken und hatten versucht, den Fön an der Wand verbotenerweise abzumontieren. Wir waren alle ganz schön geschockt. Aber das Leben ging ja weiter. Das Team der Fernsehleuten hatten schnell ihr Notstromgerät angeschmissen.

Eine richtige „Europa – Meisterschaft" in einer relativ kleinen Stadt. Wie ist und war das möglich? Aufgrund von vielen Turnieren und sehr erfolgreich durchgeführten Hockeyländerspielen war diese Aufgabe für uns die nächste Herausforderung. Die Vorarbeiten waren sehr kompliziert. Die Arbeiten mit dem Internet steckten noch in den Kinderschuhen. Es wurden damals Briefe geschrieben und einfach telefoniert. Acht Nationen sollten an diesem Turnier teilnehmen, die Vorrunden einmal ausgeklammert.

Wenn man erst mit England telefoniert hatte und dann mit Russland, knackte es im Telefonhörer ganz toll. Da hatten sicher die Geheimdienste ihre Aufgaben zu erledigen.

Der Mannschaft aus Italien wollten wir einen Zuschuss für ihre Flugkosten bezahlen, doch sie lehnten das ab. Sie hätten finanziell keine Sorgen, sie bräuchten nur einen Superstar, zum Tore schießen; sagten sie. Bei dem Team aus Wales hatten wir unsere Probleme, wir fanden ihre Fahne in keinem Geschäft und mussten für sie eine extra anfertigen lassen. Auch hatten wir erst unsere Probleme, ihre eigene Nationalhymne zu finden, weil sie nicht unter der englischen Hymne, „God save the Queen", einmarschieren wollten. Ich hatte ihnen erst vorgeschlagen, unter dem Song des Waliser Sänger Tom Jones anzutreten, dies hätten sie getan. Aber in letzter Sekunde konnten wir die Waliser Nationalhymne noch auftreiben.

Das Finale dieser 5. Hallen-Europameisterschaft der Damen zwischen dem Gastgeber Deutschland und den Niederlanden war das beste Spiel in diesem Turnier. Der holländische Trainerfuchs Gjis van Heumen sieht die einzige Chance, die Hallenhockey-Weltmacht Deutschland zu besiegen, in einer List. Bis unmittelbar vor dem Anpfiff lässt van Heumen ganz normal seine Stammtorhüterin Alette Pos sich warmspielen.

Als die beiden Teams dann nach der Begrüßung Aufstellung nehmen vor den ausverkauften Zuschauerrängen, hat die Torhüterin plötzlich zugunsten einer sechsten Feldspielerin auf der Bank Platz genommen. Fast die kompletten 40 Spielminuten ziehen die „Oranjes" diese Überzahltaktik durch. Der deutsche Gegner ist, wie beabsichtigt, überrumpelt und muss sich auf die neue Taktik erst einstellen. Der Mannschaft von Bundestrainer Wolfgang Strödter geling es – aber nur mit viel Mühe und nur ganz knapp. Dank der individuellen Klasse von Spielerinnen wie Gaby Appel und Caren Jungjohann glückt der deutschen DHB-Auswahl ein knapper 10:8 Sieg über die frechen Holländerinnen, die bis sechs Minuten vor Schluss beim Stand von 8:8 alles offen halten. „Unser Sieg, war die richtige Antwort auf die Arroganz der Holländerinnen", sagt später Gaby Appel, die später bei der Siegerehrung auch zur besten EM – Spielerin gewählt wird.

Ein besonderes Spiel ist das EM – finale nicht nur wegen der holländischen Überraschungstaktik. Auch die Ansetzung der beiden Schiedsrichterinnen ist beachtlich: „Eine Deutsche pfeift Deutschland. Und trotzdem ist es eine „neutrale" Ansetzung, wie es die Regularien bei solchen internationalen Turnieren vorschreiben. Das Endspiel wird geleitet von Christiane Asselman aus Belgien und Ilona Popp aus Köthen. Die internationale Unparteiische des Deutschen Hockey-Sportverbandes der „DDR", wurde vom europäischen Verband als neutrale Schiedsrichterin für, die EM nominiert.

Nach der würdigen Siegerehrung, mit Fernsehen und einer sehr hohen Anzahl von Journalisten und Rundfunkstationen, aus mehreren Ländern, kam es noch zu einem besonderen heiteren Lachen der Zuschauer, als der Hallensprecher über Lautsprecher mitgeteilt hatte:

„Der Schiedsrichterehrenpreis geht an Frau Ilona Popp, gestiftet vom rheinland-pfälzischen Minister Rudi Geil und wird überreicht vom Vorsitzenden Rudi Fick".

Das deutsche EM – Siegerteam: Susi Wollschläger, Pia Büchel, Dagmar Bremer, Caren Jungjohann, Silke Wehrmeister, Beate Deininger, Gaby Schley, Gaby Appel, Martina Hallmen, Eva Hegener, Bettina Blumenberg, Irina Kuhnt.

Es gab einmal viele Tränen ohne Ende, nach dem Verlust des Zeitgefühls:

Die Vorbereitungen zur Europameisterschaft verlangten ja den vollen körperlichen Einsatz rund um die Uhr. Da die gesamte Organisation quasi in unserer Familie stattfand und auch das nächtliche Gedankengut rund um die Uhr immer präsent war, war es nicht verwunderlich, dass man in einer anderen Welt angekommen war. Ob im Beruf, im Straßenverkehr, in der Kirche, bei einem Konzert, immer war man gedanklich bei der anstehenden Europameisterschaft. Tag und in der Nacht war man gefangen. Ob beim Spazierengehen oder beim Einkaufen mit der Ehefrau, manchmal mit, manchmal ohne die Kinder, oder beim Treffen mit anderen Menschen, immer sprudelte etwas von den Vorbereitungen zu dieser Veranstaltung aus einem heraus. Gar oft war es mir wirklich peinlich, andere Menschen mit diesem Thema zu nerven.

Ich saß mal wieder im Wohnzimmer und telefonierte mit dem englischen Verband und machte mir Notizen. Plötzlich riefen die Kinder: „Vati, kaufst du uns auch Raketen?" „Ja", antwortete ich ihnen, in Gedanken versunken. „Morgen gehen wir die Raketen kaufen". „Aber hör´ doch mal!" sagten die Kinder: „Morgen ist es zu doch zu spät!"

Zu meinem Entsetzen bemerkte ich in diesem Moment, durch die Vorbereitungsarbeiten zum Turnier hatte ich den Silvesterabend total vergessen, hatte total das Zeitgefühl für die Tage und die Zeiten, vergessen. Meine Tränen rannten mir von ganz alleine übers Gesicht und ich schämte mich sehr. Ich hatte die Turniervorbereitungen so übertrieben, dass ich unsere eigenen Kinder vergessen hatte und ihnen keine Raketen gekauft hatte. Da die Fachgeschäfte noch geöffnet hatten, bekamen wir noch Böller und Raketen und die Kinder waren wieder glücklich. Fazit: „Man kann im Leben auch alles übertreiben!"

Nach den vielen Länderspielen und der zuletzt erfolgreich durchgeführten „Europameisterschaft" hatten die Arbeiten an der Erstellung der Gutachten für den öffentlich bestellten und vereidigten Sachverständiger für Sport- und Freizeitanlagen, sowie für Sportgeräte, absoluten Vorrang. Die Amts-, Land- und Oberlandesgerichte konnte und durfte man nicht warten lassen. Die Gerichte benötigen generell die Gutachten zur Erstellung ihrer Urteile.

Es hatte wieder eine Menge Unfälle auf Kinderspielplätzen in allen deutschen Landen gegeben. Ob in Bayern, Hessen, NRW, Thüringen oder in einem anderen Bundesland, überall sind die aufgestellten Geräte dort nach den sogenannten DIN EN – Normen 1176 zu prüfen und zu bewerten. Diese Norm legt die allgemeinen Sicherheitsanforderungen für alle standortgebundene Spielplatzgeräte und den Unterbau fest.

Da gibt es ca. tausende Fragen, wie oft muss ein Spielplatz überprüft werden, wie nah darf ein Spielplatz an den Häusern stehen oder wie oft muss ein Spielplatz auf Sauberkeit und Funktionstüchtigkeit bewertet werden? Auch ist vorgeschrieben, dass nur ausgebildete Fachkräfte alles kontrollieren dürfen.

Da gibt es Hallenspielplätze, Abenteuerspielplätze, Erlebnisspielräume oder Mehrgenerationen - Anlagen.

Da stellt man sich die Frage, warum sind Spielplätze für Kinder so wichtig? Die Antwort ist eigentlich sehr logisch: Kinder finden Gelegenheit, ihre körperlichen Fähigkeiten zu entdecken, Fertigkeiten zu erlernen und ihre eigenen Grenzen zu erfahren. Für viele Kinder – vor allem in städtischen Gebieten – sind Spielplätze heute die einzigen Orte, an denen sie sich in ihrem Alter entsprechend austoben können. Früher sind die Kinder auf Bäume und steile Hänge geklettert, waren fast alle relativ fit. Das ist heute leider nicht mehr der Fall.

Kinder sehen anders als die Erwachsenen, sie hören anders. Die Konzentrationen des Nachwuchses und die Gefahrenwahrnehmung hat sich verändert. Kinder lassen sich auch schnell ablenken und viele sind noch nicht in der Lage, Gefahren zu erkennen.

Auch aufgrund ihrer Größe können sie oft weniger sehen, werden auch leichter übersehen als Erwachsene. Erst nach und nach entwickeln sich ihre Wahrnehmungssinne. Der Straßenverkehr fordert Kinder mit allen Sinnen. Sie müssen sehen, hören, sich mit anderen verständigen, Zeichen geben, beurteilen und Entscheidungen treffen. Im Kindesalter sind sie davon oft schnell überfordert.

Man kann Gott-sei-Dank sagen, in den letzten Jahrzehnten sind die Kinderspielplätze durch die strengen DIN – Vorschriften, gewaltig sicherer geworden.

Früher haben sich Kinder schon einmal mit ihrer Anorak - Schnur beim Einstieg in die Rusche, öfters in Lebensgefahr gebracht, es hatte auch schon einmal Todesfälle gegeben. Durch diese strengen Din - Vorschriften gibt es auch Spielplatzböden, die Abstürze nicht mehr so schlimm passieren lassen.

Kinder sehen und hören anders als die Erwachsenen. Ihre Gefahrenwahrnehmung ist verringert. Kinder lassen sich auch schnell ablenken und sind nicht immer in der Lage, Gefahren zu erkennen. Aufgrund ihrer Größe können sie manchmal weniger sehen, werden auch manchmal leicht übersehen. Erst nach und nach entwickeln sie ihre Wahrnehmungssinne.

Der Straßenverkehr fordert Kinder auch mit allen Sinnen. Sie müssen sehen, hören, sich mit anderen verständigen, Zeichen geben, beurteilen und Entscheidungen treffen. Im Kindesalter sind sie oft davon schnell überfordert.

Wenn Kinder toben, laufen, springen, hüpfen, klettern und balancieren, dann stolpern und stürzen sie auch. Diese sogenannten Stürze sind zwar nicht angenehm, weil sie Schmerzen verursachen, aber sie sind akzeptabel und für die Entwicklung und den Kompetenzerwerb von Kindern wichtig.

Die Kinder lernen daraus – machen ihre Erfahrungen mit Gegenständen, Untergründen, Geschwindigkeiten, usw., und können alles dadurch nach und nach besser einschätzen. Es gibt aber auch Unfälle, die unbedingt verhindert werden müssen. Das sind Unfälle mit schwerwiegenden Folgen, aus großer Höhe, auf hartem Untergrund oder aufgrund fehlerhaften oder defekten Spielgeräten.

Da gibt es z. B. die DIN – Norm EN 1176. Diese Norm legt die allgemeinen Sicherheitsanforderungen fest. Das heißt, ein Kinderspielplatz muss einmal pro Woche kontrolliert werden, er muss ca. 80 m von Häusern entfernt sein und nur Fachleute dürfen die Untersuchungen vornehmen.

Oft muss ein vereidigter Sachverständige, auch vor dem entsprechenden Amts-, Land- oder Oberlandesgericht, seine schriftlichen Ansichten, dort aber auch mündlich erklären und vertreten.

Bei so einem Prozess hat der Verteidiger einer Partei plötzlich seine Geduld verloren und schrie und schrie den Gutachter an. Totenstille im Gerichtsaal. Der vorsitzende Richter mahnte zur Ruhe, doch auch er wurde extrem laut beschimpft. Nach einigen Minuten rannte der aufgeregte Rechtsanwalt plötzlich aus dem Gerichtsaal und kam nach einigen Minuten aber wieder zurück, entschuldigte sich für seine Schreierei und bat immer wieder um Nachsicht für sein schlechtes Verhalten. Er hatte seine Nerven verloren, weil er seine nötigen Tabletten, gegen eine bestimmte Krankheit, vorher nicht genommen hatte. Am Ende so einer Sitzung geht oft ein Gutachter an den Tisch des Richters und bekommt eine Zahlungsanweisung ausgehändigt. Dort kann der Richter unter 6 verschiedenen Aussagen eines Gutachters ankreuzen, wie und was der Sachverständige vorgetragen hatte. Der Richter hatte entschieden, die Aussagen des Gutachters erfolgte unter besonders schwierigen Verhältnissen und wurde besonders hoch vergütet.

Um einen Schaden an einer Achterbahn festzustellen, musste der Gutachter immer und immer wieder dort seine Runden drehen, um einen Fehler dort festzustellen. Das hatte so alle seine Kräfte gefordert. Diese Achterbahn hatte immer sehr geruckt während ihrer einzelnen Umdrehungsfahrten, zwei Passagiere, eine Mutter und ihre Tochter, waren mit ihren Köpfen zusammengestoßen. Die Mutter hatte durch einen plötzlichen Stopp der Fahrt eine größere Kopfverletzung erlitten, der Tochter fehlten vorne an ihrem Mund zwei Schneidezähne. Beide hatten danach die Betreiber der Achterbahn verklagt.

Einen sehr großen Anteil an erteilten Gutachten betreffen viele erlittenen Verletzungen und Schäden durch fehlerhafte Einstellungen von Skibindungen.

Eine richtig eingestellte Skibindung hält den Skistiefel stabil im Ski und löst ihn erst ab einem gewissen Kraftimpuls automatisch aus. Die Bindung ist also ein Sicherheitsfaktor, der vor Verletzungen schützt.

Bevor es auf die Skipiste geht, muss die Ski- oder Snowboardbindung richtig eingestellt werden. Bei falsch eingestellten Bindungen besteht generell eine erhöhte Sturz- und Verletzungsgefahr. Absolute Ski – Neulinge sollen die Bindungen besser von einem Skihändler oder einem anderen Fachmann einstellen lassen. Bei richtigem Einstellen kommt ein genormtes Prüfgerät für Skibindungen zum Einsatz, in dem getestet wird, ab wann eine Bindung auslöst.

Wenn die Skibindung zu früh oder zu spät auslöst, ist die Verletzungsgefahr sehr groß. Auch eine Versicherung zahlt dann für einen körperlichen Schaden kein Geld. Der Wert für die Einstellung des sogenannten „Z – Wertes", hängt vom Alter, Körpergewicht, Körpergröße, Sohlenlänge der Skischuhe und dem Erfahrungslevel: Anfänger, Fortgeschrittener oder Experte, ab.

Bei Gerichtsverhandlungen wurde man auch öfters gefragt, wie genau und wo der körperliche Schaden des Skiläufers genau entstanden sein konnte, ob beim Abheben des Skifahrers von der Piste, bei der Landung oder wo und wie der Schaden sonst entstanden war, sein konnte. Danach wurden dann die Urteile gesprochen.

Fast von allen Sport- und Freizeitgeräten mussten Gutachten erstellt werden. Auf dem Gebiet Tennis ging es mehrmals um Qualitäten von Tennisschlägern, von Tennisballmaschinen oder von Tennisbällen an sich.

Tennisschläger wurden manchmal geröntgt, wenn Spieler manchmal zweifelten, warum ihre Schläge nicht die nötige Power besaßen. Dann ging man kurzerhand ins Krankenhaus in die dortige Abteilung, um ein Resultat zu bekommen.

Wenn ein Gutachten über automatische Ballwurfmaschinen erstellt werden musste, mussten sehr viele Versuche durchgeführt werden bis man merkte, das Problem war nicht die Maschine, sondern alte und verbrauchte Tennisbälle.

Ein anderes musste auch überprüft werden, warum 40.000 Tennisbälle, eingeschweißt in Tennisballdosen, platt waren, nicht den Druck von 1,1 bar, besaßen. Nach tagelangen Versuchen wurde festgestellt, die Dosen waren an der seitlichen Naht zum Deckel, oben, nicht dicht. Wenn die Tennisballdosen nicht innerhalb von ca. 3 Monaten in den Sportgeschäften nicht verkauft worden waren, waren die Bälle wertlos.

Bei einer Untersuchung über einen Unfall in einer langen Röhre von einer Schwimmbadrutsche in NRW, hier war einmal ein 14jähriger Junge auf einen 42jährigen Mann auf dessen Hals gerutscht. Dieser war sofort gelähmt und wäre beinahe unten im Schwimmbecken ertrunken, hätte man ihn nicht aus dem Wasser gezogen. Grund für diesen schlimmen Fehler war die Beschilderung an der Rutsche, der Abstand zum nächstrutschenden Badegast war zu gering. Der Streitwert für diesen Unfall hatte sich auf über 11 Millionen Euro belaufen.

Als Gutachter musste man auch verschiedene Male bis zu 140 m von unten bis zum Einsitz oben in der Rutsche auf den Knien herauf rutschen, was ja keine Freude gemacht hatte, schon eine Belastung war. Doch heute ist das alles vergessen und verdrängt. Sehr kriminell war auch, dass auch schon in die Rutsche von außen nach innen spitze Nägel geschlagen worden war, was auch zu schlimmen Verletzungen geführt hatte.

Eine weitere Aufgabe für den öffentlich und vereidigten Sachverständigen waren die jeweiligen Überprüfungen der Spiel- und Klettergeräten auf den Spielplätzen dort, wenn ein Unfall sich ereignet hatte; zuweilen auch schon vorher bei der Eröffnung einer solchen Anlage, wenn Unfallgefahren erwartet werden konnten. Wenn Treppenstufen einer Rutsche nicht den DIN – Normen entsprachen oder der Verlauf der Rutsche einen ungünstigen Winkel aufwies, musste der Gutachter die Rutsche stilllegen. Das kam auch öfters vor, auch wenn es jahrelang vorher keinen Unfall gegeben hatte.

Bei einem Gutachterstreit beim Landgericht Bautzen war ich Tage vorher in einem dortigen Hotel abgestiegen, bei dem ich über meinem Bett ein Schild fand mit der Anmerkung: „In diesem Bett schlief der DDR – Vorsitzender Erich Honecker." So war dies mein zweites Mal in einem Hotelbett zu schlafen, in dem ein Prominenter, vorher war es ja der vierfache Olympiasieger, Jesse Owens, USA, Olympiasieger von 1936 in Berlin.

.

Nach der nötigen Arbeit um die gerichtlicher Gutachten drängte sich auch wieder eine vergnügliche Hockeygeschichte auf.

Mit dem Motto: Deutsche Hochschulmeisterschaft: HOCKEYSTUNDEN ZÄHLEN DOPPELT, wurden mit 617 Studentinnen & Studenten fast aller deutschen Universitäten und Hochschulen, ein schönes Turnier in 4 Sporthallen über die Bühne gebracht.

Dabei waren unter anderen mehr:

RWTH Aachen, Universität Berlin, FHS Berlin, TFH Berlin, Uni Bochum, Heinrich-Heine-Universität Düsseldorf, Uni Frankfurt, Uni Freiburg, Uni Gießen, FH Gießen, Uni Göttingen, Uni Hamburg, Uni Hannover, Uni Heidelberg, Uni Karlsruhe, Uni Mainz, Uni Darmstadt, Uni Köln, Sporthochschule Köln, Uni Kaiserslautern, Uni Leipzig, Uni Mainz, Uni Regensburg, Uni Saarbrücken, Uni Trier, Uni Münster, Uni Stuttgart, Uni München, Uni Marburg, unter anderen mehr.

Wieder einmal war es ein Hockey-Enthusiast, der in die Bresche sprang, als es darum ging, einen der traditionsreichsten Hockey-Wettbewerb am Leben zu erhalten, meinte Reinhard Wolf, Disziplinchef im „Allgemeinen deutschen Hochschulsportverband".

Nachdem für die Mammutveranstaltung Hallen-DHM bereits 2 Jahre in Folge kein Ausrichter gefunden werden konnte, gab es bereits Befürchtungen, die Veranstaltung könne endgültig von der Bildfläche verschwinden. Doch weit gefehlt, die Hochschulmeisterschaft steht bei den Studierenden nach wie vor hoch im Kurs, die Befürchtungen, die Teilnehmer könnten wegbleiben, wurden nicht erfüllt. Im Gegenteil, das Turnier begann mit einem Paukenschlag für die Abteilung Spielplan, da zur Auslosung am Montagmittag nicht nur alle

Teams (30 Herren, 12 Damen) zuverlässig anreisten, sondern auch noch ein Herrenteam mehr als vorgesehen, in der Halle stand. Die Uni Marburg hatte sich ordnungsgemäß angemeldet, jedoch nicht den Weg bis in den Spielplan gefunden. Kein Problem: Aus 171 Spielen an drei Tagen wurden 178. Dies war dann auch die erste und einzige Panne der Veranstaltung, die von da an wie ein Schnürchen lief.

Damenturnier: Universitäten und Fachhochschulen.

Ein Überraschungscoup landeten die Düsseldorfer Damen, die bei ihrer ersten Teilnahme nach vielen Jahren direkt den Sprung auf Treppchen schafften. Vielleicht wäre auch mehr möglich gewesen, wenn nicht einige Spielerinnen am Finaltag abgereist waren, um Klausuren zu schreiben. Dominiert wurde das Damenturnier von den beiden anwesenden Olympiasiegerinnen, die dazu jedoch unterschiedliche Taktiken verwendeten. Während Silke Müller ganz unauffällig von der Bank aus ihre Mainzer Mädels von Sieg zu Sieg führte, zauberte Fanny Rinne zur Freude der sehr vielen Zuschauer, auch auf dem Parkett.

Abschlussplatzierung der UNI Damen: Heidelberg, Mainz, Düsseldorf, Göttingen, Karlsruhe, Hamburg, Leipzig, Köln, Gießen, Berlin, Münster, Kaiserslautern. u.a.m.

Herrenturnier:

Eine Titelverteidigung bei den Studenten war von vornherein ausgeschlossen, da die Mannheimer Sieger inzwischen überwiegend ihr Studium abgeschlossen hatten. So wurden die Karten in der Herrenkonkurrenz, die ohnehin traditionell schwerer einzuschätzen ist, neu gemischt.

Die Abschlussplatzierung: Uni sowie Fachhochschulen:

Heidelberg, 2 Leipzig, 3 Mainz, 4 Hannover, 5 Berlin, 6 Freiburg, 7 Bochum, 8 Saarbrücken, 9 Kaiserslautern, 10 München, 11 Karlsruhe, 12 Göttingen, 13 Köln, 14 Aachen, 15. Dortmund, 16 Hamburg, 17 Frankfurt, 18 Karlsruhe, 19 Mainz

2, 20 Regensburg, 21 Bamberg, 22 Darmstadt, 23 Münster, 24 Marburg, 25 Trier, 26 Hannover, 27 Stuttgart, 28 HU Berlin, 29 Uni Göttingen 30 Uni Gießen.

Festlicher Höhepunkt:

Nicht nur für jene Teilnehmer, die am zweiten Abend bereits wussten, dass es mit dem Titel nichts wird, war die Turniergala der Veranstaltung der Höhepunkt. Der Organisator hatte im Festsaal des Mercure-Dorint-Hotels ein Abendprogramm organisiert, das weit über die übliche Disco-Veranstaltung hinaus ging. Bevor die Live-Band „Siegfried Service" den 617 anwesenden Turnierteilnehmern und Gästen richtig einheizte, zeigte sich das Rheinland von seiner besten Seite. Zwei gute Stunden lang wurden die Gäste von Jugendspielerinnen des gastgebenden Clubs und den „Poppelsdorfer Schloss-Madämchen" mit Gesang, Tanz und Theater in den rheinischen Frohsinn eingeführt, unterbrochen nur durch einige kurze Reden der anwesenden Ehrengäste, bis es zum zweifelsfreien Höhepunkt der Veranstaltung kam. Nachdem jeder Teilnehmer der 617 jungen Leute als Gastgeschenk einen „Rebkorkenzieher" aus dem Ahrtal erhalten hatte, versammelten sich so viele wie irgend möglich auf der schon sehr großen Bühne und sangen das Hockeylied des gastgebenden Clubs und heitere Lieder von Patrizius.

Ein solches Gemeinschaftsgefühl hat es wohl seit vielen Jahren nicht mehr bei solchen Veranstaltungen gegeben, sodass es nicht verwundert, dass der Rest des Abends immer wieder von Rufen des Namens des Veranstalters unterbrochen wurde. Passend war es daher auch, dass der DHB, vertreten durch den Vizepräsidenten Wolfgang Hillmann, die Siegerehrung zum Anlass nahm, dieses so gut organisierte Turnier besonders zu loben.

Höhepunkte des Abends:

In der Nacht gegen 2 Uhr gab es auch eine besondere Polonaise. 2.) Die Live-Band spielte auch Wunschlieder. 3.) Ab 3 Uhr heizte DJ Hugo dem jungen Volk gehörig ein. 4.) Viele Universitäten und Fachhochschulen hatten eigene lustige Beiträge einstudiert und vorgetragen. 5.) Ein richtiges Hockeytor stand auf der Bühne. 6.) Die 617 Studentinnen & Studenten sangen als Chor gemeinsam.

Die „Weibliche Jugend" im Verein baute sich selbst einen Karnevalswagen und warf Kamellen ohne Ende.

Gleich in vier großen Sporthallen hatten wir ja die „Deutsche Hochschulmeisterschaft" durchgeführt. In „Halle 1" hatten die „Weibliche Jugend" und die „Mädchen A" mit großem Schwung, Einfühlungsvermögen und unbändiger Liebe die Betreuung der hockeyspielenden Studentinnen und Studenten übernommen. Sie schenkten Wasser, Limo und Bier aus, verkauften Brötchen/Semmeln mit Schinken, Speck und Käse und hatten mit ihrem Einsatz auch viel Geld eingenommen. Der Vereinsschatzmeister spekulierte wohl auf den Überschuss, doch ich hatte die Mädels gelockt und geködert mit den Worten, der Reingewinn ist für eure Mannschaften. Dann könnt ihr eine Reise irgendwo nach Holland oder sonst wohin machen. Doch die jungen Spielerinnen hatten einen Traum: „Wir bauen uns einen Karnevalswagen und fahren darauf am Sonntag in unserer Stadt und am nächsten Rosenmontag, in der Nachbarstadt nochmals, und werfen vom Wagen fleißig „Kamelle – Kamelle" nach unten ins närrische Volk.

Woher einen Karnevalswagen nehmen? In den Dörfern auf der umliegenden Grafschaft wurden wir nicht fündig. Bei einem Dachdeckerbetrieb bekamen wir einen Lastkraftwagen geliehen.

Nun begann das kleine Lebenswerk von der Chefkonstrukteurin Barbara, genannt Babsi. Sie riss Simone, Lena, Heidi, Luna und die Freundinnen mit sich und sie bauten mit viele Freude ihren eigenen Karnevalsumzugswagen. In zwei – drei Tagen war der Wagen fertig, es war gezimmert, gehämmert geschraubt worden. Blumen, Luftballons und Girlanden schmückten den Festwagen.

Dann ging es mit dem verdienten Geld zum Einkaufen des „Wurfmaterials in den „Handelshof": Kamellen, Bonbons, Schokolade, süßen Speck, Gummibärchen, kleine Bälle, all dies wurde erstanden. Die Eltern hatten noch zusätzlich Geld gespendet. Ein Vater hatte sieben Säcke Äpfel zur Verfügung gestellt, ein anderer Vater 4.000 (!) Kunstkarten beigesteuert. Mit einem Kleinbus musste zweimal das Wurfmaterial herbeigeschafft werden.

So blieb es nicht aus: Die Hockeymädels warfen bei diesen beiden Umzügen, nach den jeweiligen beiden „Karnevalsprinzen", das meiste Material von ihrem Wagen auf das am Rande stehende Volk. Da staunten wirklich alle Besucher und unsere Mädels waren glücklich wie noch nie.

In jenen Tagen Ende des Sommers 1978 bleiben für mich als Lehrer, zwei Ereignisse, stets in Erinnerung: Mit einer Schulklasse waren wir an einem sehr heißen Sommertag im Schwimmbad gewesen. Meinen Unterricht hatte ich gerade beendet, als ich in einem tiefen Nebenbecken plötzlich nur noch zwei Hände über dem Wasser winken sah, die plötzlich untergegangen waren. Ich sprang sofort ins Wasser, tauchte ca. 17 m und konnte ein 15jähriges Mädchen fassen, das aufgehört hatte sich zu bewegen. Ca. 40 Jahre später kam ich bei einem Volksfest in einer anderen Stadt an einem Schmuckstand vorbei, als eine Standbetreiberin plötzlich aufschrie, mir um den Hals fiel und laut rief, „er hat mich vor dem Ertrinken gerettet". Dann nahm sie aus dem Sortiment ihres Schmuckstandes eine schicke Kette und schenkte sie mir. Ich wollte diese nicht annehmen, doch sie bestand darauf.

Das zweite kleine und unbescheidenes Ereignis war, dass die damalige Kultusministerin von Rheinland-Pfalz, Dr. Hanna-Renate Laurien, per Telefon in unserer Schule anrief und sagte, vor ihrem Auftritt ginge sie erst zum Friseur, „sie wolle bei uns, bei der Eröffnung, der neuen Sporthalle, nicht als „Blaustrumpf", bei den Einweihungsfeierlichkeiten, als mein Tennispartner, antreten.

Wie kommt man in den Festsaal des Hamburger Rathaus auf der dortigen 1. Etage?

Ein Hockeyfunktionär braucht eigentlich keine Ehrung. Für diese Tätigkeit gibt es schon beim Tun schon genug Freude. Der deutsche Hockeybund (DHB) war da anderer Meinung und hatte andere Funktionäre und mich, anl. des 100jährigen Bestehens, zur Jahrestagung in die alte Handelsstadt an der Elbe eingeladen. Namhafte Ehrengäste, Minister und Sponsoren waren gekommen, es wurden kluge Reden gehalten bei einer guten, schönen und würdigen Veranstaltung.

Doch erschlagen hatte mich die Pracht des alten Hamburger Rathauses. Ein ca. 30 Meter langes, unglaublich schönes Wandgemälde ziert den Raum und schlug alle Besucher, die das erste Mal dort waren, in ihren Bann. Das wird man nachdenklich, was die Hamburger Vorfahren in ihrer damaligen Zeit, so alles aufgebaut hatten. Und für den DHB war es ein angemessener Rahmen gewesen.

Zwei Tage Hockeyfestival –
Kurhaussaal fest in Sportlerhänden.

„Ein Turnier der Superlative", so umrissen die mehr als 40 Teilnehmermannschaften einstimmig das 4. Senioren – Turnier. Besser bekannt unter dem komischen Namen „ROTWEINTURNIER".

International war die Beteiligung an dieser Veranstaltung, die ihre Schatten schon im Frühjahr warf, obwohl sie erst im November stattfand. Die Organisatoren hatten ja auch dabei alle Hände voll zu tun.

Zwei Höhepunkte des prallvollen Wochenendes seien zur Dokumentation hier herausgegriffen:

Das war das Turnier als sportlicher Höhepunkt. 42 Stunden lang hochklassisches Hallenhockey in den 4 Sporthallen gleichzeitig. 180 Spiele, in denen über 1.000 Tore fielen. Toll was geboten wurde an sportlichen Leistungen. Das waren Demonstrationen in hoher Kunst. Da wurde gepasst, gehoben und geschlenzt, was die Hockeyschläger hergaben; da wurde kombiniert und herrliche Tore herausgespielt, aber andererseits auch durch großartige Paraden sogenannte „todsichere" Chancen, von den Torhütern verhindert.

In allen Sporthallen hatten die Organisatoren auch Weinausgabestellen errichtet, hier war immer großer Andrang.

Es hatte „Fleißkärtchen", die heiß begehrten „Rotweingutscheine", für die unterschiedlichsten Leistungen gegeben. Gute Pässe, gutes Stellungsspiel, netter Gesichtsausdruck, tolle Tore, usw. für alle diese Leistungen gab es die „Fleißkärtchen". Für ein Eigentor bekam der Torschütze sogar 10 von diesen begehrten Gutscheinen.

Tausender dieser Kärtchen wurden vergeben, denn die unermüdlichen ehrenamtlichen „Ausschank-Damen" kredenzten in den Vorräumen der Sporthallen, über 6.000 Gläschen des guten Ahrrotweines, an die Spielerinnen und Spielern.

„Fremde werden Freunde" und „Hockeystunden zählen doppelt" waren die Leitsätze, unter denen auch der Turnierball im großen Saal des Kurhauses stand. Wohlgefüllt war der Saal und auch oben im „Gepäcknetz" auf der Empore, war ein freier Platz schwer auszumachen.

„Hockeyspieler verstehen zu feiern!" kein leeres Wort, der Ausspruch wurde in die Tat umgesetzt. Neben dem Entertainer PATRIZIUS und der Tanzkapelle Henryk Bless, gestalteten die Aktiven der am Turnier teilnehmenden Mannschaften das Programm des Abends mit ca. 35 schönen Beiträgen selbst.

Da riss das „Knallaas" vom THC Wiesbaden in einer Callas-Parodie mit zündend spritzigen Pointen den Saal zu wahren Lachsalven hin. Die „Barmer Spätlesen" des Blau-Gold Wuppertal turnte in ihren Ringelkostümen aus der frühen Zeit des Sports.

Da feierten die „Bodensee – Felchen" ihre urtümliche „alemannische Fastnacht" in historischen Kostümen – ein malerisches Bild. Ihr Auftritt war erst nach mehreren Sitzungen der zuständigen Gemeindevertretung möglich geworden, weil auswärtige Auftritte der Genehmigung bedürfen und außerhalb der engen Heimat nicht zugelassen werden. Also eine Auszeichnung für unseren Club? Sicherlich ein Zeichen der Anerkennung.

Eine umfassende Ballbeschreibung verbietet sich aus Platzgründen an dieser Stelle, es handelt sich hier nur um eine nichtgewichtige Auswahl aus einer gelungenen Veranstaltung, die bis um 5 Uhr in Früh ging. Alles in allem eine Runde, gelungene Sache dieses Turnieres. Wer dabei war, kann es bestätigen. So auch unsere Gäste.

Nach mehr als 50 Stunden traten die meisten Gäste ihre Heimreise an – die Engländer nach Bishop`s – Stortford, die „Were di" Tilburg nach Holland und die aus den deutschen Hockeyhochburgen von Hamburg bis zum Bodensee – nicht ohne das Versprechen: „Wir kommen gerne wieder und behalten das Turnier in bester Erinnerung".

In meiner Jugendzeit hatte es fast jeden Tag Feueralarm gegeben. Ein „Feuerteufel" hatte die Heimat unsicher gemacht. Manchmal gingen zweimal an einem Tag die Sirenen. Dazu gingen es auch auf der „Heide" und im gegenüber liegendem Wald, immer wieder mit gelegten Bränden los. Die Leute warteten dann fast stündlich, wo brennt es dann jetzt schon wieder. Die größten Firmen im Stadtgebiet, Hotels, Pensionen, Schulen und das Theater brannte, überall brannte es. An manchen Stellen brannte es gleich zweimal in einem Monat:

An einem Morgen weckte mich meine Mutter mit den Worten: „Sie haben den Brandstifter, es ist B., unser Nachbarjunge!" Wir konnten es kaum glauben. Ein junger Mann, den wir fast täglich sahen und mit dem wir oft gespielt hatten.

Bei einem erneuten Brand in einem leerstehenden, drei Stockwerke hohen Hotel, war er gefasst worden. B. war selbst Feuerwehrmann gewesen. Jetzt bei diesem Feuerwehreinsatz waren auch zwei Kriminalbeamten mit der Wehr ausgerückt und hatten ihn überführt, als er eine auf dem Boden liegende Matratze umdrehte und dort auch scheinbar nach Feuer suchte. „Warum hast du die Matratze umgedreht?", dies fragte ein Kripomann unseren B?" Mit seinen Antworten hatte er sich verraten. B, wohnte mit seiner Mutter und den anderen Brüdern in der Nähe der Feuerwehr und war auch immer der erste Mann am Feuerwehrauto, wenn die Sirene gegangen war.

Bei einem Ferieneinsatz als Student hatte ich früher eine Betreueraufgabe beim Kölner – Jugend - Fahrtendienst angetreten. Außer einem Betätigungszeugnis, einer Erfahrung mehr, und auch einem kleinen Geldbetrag, war dies für mich wichtig gewesen.

Als Betreuerchef sind wir mit 8 weiteren Studenten in eine Ferienfreizeit von 4 Wochen, nach Wilhelmshafen, mit 140 Kindern und Jugendlichen, aufgebrochen. Diese Freizeit am Jadebusen an der Nordsee war total verregnet. In der Nordsee baden wollte auch keiner, auch das Wattwandern war für die Kinder keine Freude. Wir konnten nicht immer in der Jugendherberge kleinere Spiele, Mensch ärgere dich nicht; usw., mit den Mädchen und Jungen durchführen, wir machten aber auch Besuche in Kirchen, Kapellen und Museen.

Gerne gingen die von uns Betreuten bei den täglichen Regengüssen gerne mit dem Betreuerstab in Kaufhäuser und Geschäfte. In einem Warenhaus sah ich, wie zwei 14jährige Kölner Jungen eine Tragetasche auf einen Verkaufstisch mit Spielzeug stellten und dabei in ihrer Tasche wühlten. Da kam mir etwas fraglich vor und ich bemerkte auf einmal, in der Tasche, auf dem Taschenboden, hatten die Kinder ein Loch geschnitten und räumten mit ihren Händen verbotenerweise Spielzeuge aus der Auslage, in ihre Tasche. Wir nahmen sofort Kontakte mit dem Veranstalter der Ferienfreizeit, mit den Eltern der Kinder und sorgten für eine verfrühte Heimfahrt ihrer nicht so ehrlichen Kindern.

Vom „Kölner Fahrtendienst" wurde ein Taxiunternehmen beauftragt, diese unehrlichen Kinder bei uns in Wilhelmshafen abzuholen. Ein Taxi, mit zwei Taxifahrern und keine Handgriffe auf der Hinterbank, damit diese Bengels nicht aus dem Auto springen konnten.

Der Nürburgring, die über 20 km lange „grüne Hölle" und die dazugehörende fast 5 km lange „Formel 1 – Strecke", gehört innerlich „tausenden Menschen" in der Eifelregion, dazu von Köln bis Trier, ebenfalls. So denken und fühlen wir alle in diesem Bereich. Der „Ring" ist die schönste und sicherste Rennstrecke der Welt.

Rundherum sind gleich drei Leitplanken, übereinander gebaut, vorhanden, jedes Jahr werden 4 km von der Rennstrecke erneuert, Hüpfstellen der Automobile beseitigt, Kanaldeckel fest verschraubt und so weiter und fast alle Tage, fein gesäubert. Sehr viele Menschen buchen für ca. 35,--Euro eine Autofahrt oder Motorradfahrt über den Ring und fühlen sich großartig. Weil die „Eifel" ein wirtschaftlich armes Land früher war hatte der Kreistag von Adenau, (heute Landkreis Ahrweiler), beschlossen, eine Autorennstrecke zu bauen. 1926 gab es das erste Eifelrennen. Die legendäre Mercedes Rennwagen waren ca. 4 Kilo zu schwer, in der Nacht wurde die weiße Farbe von den Fahrzeugen abgebrannt, Mercedes gewann und von da an wurden diese Siegerautos, „die

Silberpfeile", genannt. Diesen Namen kennen sicherlich fast alle Menschen in Deutschland.

Schon als 18jähriger Heranwachsender hatte ich das Glück, dort eine Runde drehen zu dürfen, alle Jahre kamen immer wieder gefahrene Runden hinzu. Sehr oft waren meine Fahrzeuge altersschwache Autos, manche gar Plastikbomber von Lloyd, der VW Typ 1 mit nur einem Auspuff, Borgward-Hansa, Goliath, BMW Isetta, Gutbrod, DKW, Opel -Blitz, oder den Henkel. Kabinenroller mit 3 Sitzen. Auch der VW – Karmann machte so langsam Furore.

Da wurde manche Automarke auf die lustige Schulter genommen und die Leute dichteten:

Wer den Tod nicht scheut, fährt Lloyd – wer kennt ihn nicht den Plastikbomber – der in Bremen gebaut wurde und eines der erfolgreichsten Fahrzeuge der Nachkriegszeit war.

Später konnte ich mit einem Tempo - Wiking – Bus die Nordschleife umrunden. Während einer einzigen Runde musste ich mich dreimal unter das Gefährt legen, um den herausgesprungenen Gang wieder in die richtige Stelle zu legen.

Für mich war ein weiterer Höhepunkt, als ich in einem sehr schneereichen Winter auf meinen Ski auf dem Nürburgring stand, ein BMW 8 Fahrer bot mir an, mich über den verschneiten und nicht gestreuten Ring an seinem Abschleppseil über die gesamte Nordschleife zu ziehen. Das nennt man Skijöring. Dummerweise hatte ich keine Skibrille an, hing am Abschleppseil und versuche während des ganzen Abschleppvorganges, immer links am Auto vorbeizusehen, ob auch immer eine weiße Schneedecke vorhanden war. Ich konnte eigentlich nichts sehen, ich blinzelte nur; derweil das linke Hinterrad des BMW mir einen dicken Eispanzer auf meinen Vorderteil schleuderte, der am Ende ca. 15 cm dick war.

Nun bin ich nicht nur auf dem Ring als Skijöringfahrer unterwegs gewesen, mit verschiedenen Fahrzeugen darüber gefahren, auf Langlaufski dort aktiv gewesen, mit meinem Motorrad (NSU 99) verschiedene Runden auch gedreht, und die letzten Jahren bei „Rad am Ring", mit dem Fahrrad und zum Schluss mit dem E – Bike, dort aktiv gewesen.

Alle 5 Jahre bekamen wir aus Uruguay ganz lieben Besuch, der Vetter von Gisela wirkte dort sein ganzes Leben als Bischof. In diesem Rhythmus müssen alle Bischöfe aus der ganzen Welt nach Rom, in den Vatikan, zur Visite, anreisen. Bei dieser Gelegenheit machte Rudolfo, ein früherer Junge aus Bonn, bei uns und anderen Verwandten, seinen Besuch. Das tat ihm jedes Mal gut. Nach dem zweiten Weltkrieg war Rudolfo mit seiner Mutter nach Südamerika ausgewandert. Da ein Bischof dort nur, heute in Euro umgerechnet, nur 300 Euro monatlich verdiente, war er froh, bei uns immer wieder übernachten zu können. Er wurde auch von all seinen Verwandten liebevoll unterstützt. Als die Mutter noch lebte, sie hatte ca. etwas mehr als 1.000 DM Rente, ging es den beiden weitaus besser. Bischof Rudolfo hatte auch nur einen alten und klapprigen VW, mit diesem hatte er in seinem 250 km großen Bistum, jahrelang, reisen müssen. Als er zu uns kam, ging es erst einmal mit ihm zum Einkaufen der nötigsten Dinge. Dies war für ihn stets eine sehr große Freude. Das war für ihn wie ein Hochamt, denn in Rom war so ein Bischof nur einer von so vielen Hirten im Vatikan.

In der Jugend war es auch schön, neben dem Sport auch das andere Leben eines St. Georg – Pfadfinder kennen zu lernen. Wir lernten Pfadfinder- und Seemannsknoten, reisten durch die Gegend in näherer oder weiterer Entfernung und gewöhnten uns, in Zelten zu schlafen, die meisten Volks- und Wanderlieder, die wir lernten, waren für uns neu, machten aber auch riesigen Spaß. Beim heimischen Blumenkorso stellten wir auch eine „Gärtner-Gruppe" und neben spannenden Lagerfeuern und Lagerzirkus spielen, gab es auch noch Abende im Jugendraum, wo auch gutes Benehmen lernen angesagt war.

Manchmal hat man im Leben Wünsche, die zu einer anderen Lebenszeit besser und günstiger gewesen wären. So hatte ich mir mal ausgemalt, wie es sein könnte, wenn man in einer schönen Winterlandschaft, an einem Silvesterabend, genau um Mitternacht, mit Langlaufski einsam wandert und entfernt die Mitternachtsglocken hören würde. Ja, dies genau wollte ich als verhinderter Romantiker mal ausprobieren und tat es auch.

Ich war erst in Richtung Nürburgring gefahren, hatte vorher noch ein einziges Gläschen Punch getrunken und war dann voller Vorfreude, auf meinen Ski, losgefahren. Als der Mond noch leuchtete, glitt ich leise und gut gelaunt, in die „weiße, ruhige Landschaft" ein. Ja, es war wirklich sehr still, doch ich hörte kein einziges entferntes Glockenläuten aus den weit zerstreuten Eifeldörfern, mit ihren uralten Kirchen und Kapellen. Mittlerweile hatten Wolken den Vollmond verdeckt, ich war auch etwas müde geworden, hörte aber immer noch kein einziges Glöckchen in näherer und weiterer Entfernung. Bei den schlechter werdenden Lichtverhältnissen wurde ich auch immer unsicherer, strauchelte einige Male, und es wurde in mir auch kälter und kälter. Auf einmal war mir klar geworden, dies hier, eine alleinige, einsame, nächtliche Nachtskiwanderung um Kirchenglocken zu hören, war nicht mein wirkliches Ding. Plötzlich spürte ich auch die Kälte, dies war doch nicht für mich die Art, an einem Silvesterabend, einsam und alleine ins neue Jahr zu kommen. Plötzlich hatte sich meine Meinung über den Übergang ins neue Jahr total verändert. Ja, von jetzt an war wieder die Überzeugung eingetreten, nur noch fröhlich, mit vielen freudvollen, heiteren und lustigen Zeitgenossen, in ein „neues Jahr" einzutreten. So wurde es dann auch immer wieder getan.

Da war eine besondere Einladung gekommen:

Der Düsseldorfer HC hatte den heimlichen König der NRW - Landeshauptstadt, Oberbürgermeister Joachim Erwin, zum DHC – eingeladen und für ihn und mich, der auch dabei sein sollte, einen Hubschrauberflug geordert. Da das für viele Mitglieder im dortigen Club eine kleine Überraschung werden sollte, waren wir beide um absolute Verschwiegenheit gebeten worden und sollten uns im rückwärtigen Gelände des Düsseldorfer Flughafens einfinden.

Der OB und ich trafen uns an der Baracke des Hubschrauberpiloten. Da wir uns nicht kannten und der OB bekanntlich der tolle „Macher" von Düsseldorf war, kam es zu folgendem Dialog"

OB: „Wer sind Sie und was tun sie hier?"

Ich selbst: „Ich bin O.R" und wurde zu diesem Flug eingeladen."

OB: „Warum wurden sie zum Hubschrauberflug eingeladen?"

Ich selbst: „Weiß´ ich selbst nicht."

OB: „Ihre Krawatte sitzt nicht gut, ich werde die mal   richten!"   Und er fummelte an ihr herum.

Dann kam der Pilot: „Herr Oberbürgermeister, ein Momentchen bitte, gleich starten wir.

Der OB sagte nur: „Das Momentchen, das bestimme ich!" In diesem Moment wusste ich, wer dieser andere Herr war, mit dem ich eingeladen worden war. Ich sagte dann dem OB Erwin, ich würde den Piloten nicht ärgern wollen, er müsse uns doch gesund wieder herunterbringen.

„Wo wollen sie sitzen?", fragte mich daraufhin der OB. Bescheiden sagte ich nur, das überlasse ich ihnen natürlich! „Gut, ich sitze vorne neben dem Piloten!" Da wollte ich eigentlich auch sitzen, sagte aber forsch: „Der Bundespräsident sitzt aber immer hinten rechts!" Da funkelten die Augen de OB schon sehr stark und er wies den Piloten an: „Zuerst fliegen wir über die neue Landebahn, ich will mir die als Chef des hiesigen Flughafens jetzt erst einmal genau ansehen!" Und dann flog/schraubte sich der Hubschrauber über den Rhein zum „Seestern", Heimat des DHC. Und gekommen zu der Landung waren überraschenderweise dort auch unser Sohn mit Schwiegertochter und den Kindern.

Über hundert hübsche Düsseldorfer Hockey- und Tennisfräuleins standen bei unserer Landung für uns Spalier und riefen unsere Namen. Dies war natürlich eine große Überraschung für uns beiden Fluggäste, wir lächelten auch und nickten ihnen dann auch ganz lieb zu. Es war kein ungutes Gefühl, so begrüßt zu werden und wir gingen zum nahestehenden Mikrofon.

Mein als Kompliment an die Landeshauptstadt Düsseldorf, wie schön und sauber hier doch alles wäre und doch auch Düsseldorf das „Wohnzimmer vom Ruhrgebiet" sei, kommentierte jetzt OB Erwin mit scharfen Worten: „Oh-we, Pisa lässt grüßen!" Düsseldorf ist nicht das Wohnzimmer vom Ruhrgebiet, „woher ich das hätte? Ruhig antwortete ich ihm und den vielen Zuhörern: „Das haben wir schon im 3. Schuljahr in der Grundschule gelernt.

Und dann hatten wir alle gemeinsam sehr viel Freude an diesem besonders tollen Fest. Der dortige Cheforganisator Ingolf Rayermann hatte alle Details so wunderbar organisiert und alle dort fühlten sich an diesem Tag sehr wohl. Dieser Tag wird immer unvergesslich bleiben. Und auch der Oberbürgermeister Erwin strahlte.

Fehlurteil beim Oberlandes Hamm?

Bei einem der in Deutschland bekanntesten Gericht vermute ich ein Fehlurteil. Daran ändert sich auch nicht mein Grübeln, Nachfragen bei vielen Juristen und anderen Fachleuten. Ein Urteil, an dem ich seit langer Zeit immer noch grübeln muss. Für mich war immer ein Urteil eines Oberlandesgerichtes zweifelsfrei, und ich wollte es einfach auch so lassen.

Als öffentlich vereidigter und bestellter Sachverständiger der IHK zu Koblenz musste ich mich jahrzehntelang mit DIN – Normen beschäftigen. Ich hatte gelernt, DIN – Normen, die es fast für alles gibt, hätten eigentlich keine Gesetzeskraft. Doch in meiner Ausbildung hatte ich gelernt, bei Kindersportplätzen und deren Einrichtungen wäre dies anders, hier hätten und haben DIN – Normen „Gesetzeskraft." Und das ist sehr wichtig und entscheidend bei vielen Urteilen.

So saß ich nach meinen Ausführungen vor dem OLG Hamm auf meinem Stuhl, als der leitende Richter mit seinen Kolleginnen und Kollegen schließlich das Urteil sprach und entschied, aber die DIN - Normen überhaupt nicht erwähnt hatte. Ich guckte den Vorsitzenden immer wieder an, rutschte aufgeregt hin und her, machte verdeckte kleine Handzeichen dem Richter, doch er entschied anders, als ich in meinem Gutachten entschieden hatte.

Beim Hinunterfahren mit dem Aufzug vom 3. Stock des Oberlandesgerichtes Hamm im dortigen Aufzug, mit den drei Richterpersonen, hat der Vorsitzende mir gesagt, ich wäre ja von einer Seite meines Stuhles unruhig hin und her gerutscht, doch ich machte nur ein verlegendes Gesicht. Wie konnte ich ihm sagen, dass er meines Erachtens ein falsches Urteil gesprochen hätte. Erstens hätte sich das nicht gehört und zweitens wollte ich erst nochmals mich vorher absichern. Doch meinem Verständnis nach war es ein Fehlurteil. Das ich er in einem Oberlandesgericht selbst erleben musste, hat mich nicht glücklich gemacht. Der „Vorsitzende Richter" fragte mich dann im Aufzug noch, ich würde ja sicherlich den „Rotweinwanderweg" kennen, der würde doch so schön sein, den würde er gerne noch einmal besuchen. Und da waren wir schon unten am Ausgang angekommen.

Zwei Hockeyschläger für den Herrn Verteidigungsminister Volker Rühe:

Irgendwie hatte ich es geahnt, dass mein Besuch bei der Heeresfliegerbrigade 3 in Mendig – nicht richtig verstanden werden konnte. Diese Brigade führt den Einsatz der Lufttransportkräfte des Heeres im Einsatzflugbetrieb für die Bedarfsträger der Bundeswehr – Streitkräfte. Außerdem steuert und koordiniert sie alle Maßnahmen der Heeresfliegergruppe:

Da kommt ein sehr verschwitzter Mann in nasser Tenniskleidung, in einem voll von Reklame versehenen Kleinbus und sagt dem

Soldat am Standorteingang: „Guten Tag, ich habe hier zwei Hockeyschläger für den Herrn Verteidigungsminister Volker Rühe!" Mit ungläubigen Augen fragt der Kontrollmann, warum, weshalb und was sollen wir damit?

„Ihr Chef, der Herr Minister, wird unseren neuen Hockey – Kunstrasenplatz einweihen. Dabei springen drei Fallschirmjäger von ihrem Hubschrauber ab und übergeben diese fünf Stöcke ihrem Minister!" Sein ungläubiges Gesicht und seine Grimasse verrieten, dies konnte er sich nicht vorstellen. Er rief dann von seiner Wache seinen Vorgesetzten an und sagte am Telefon: „Hier unten am Tor steht ein Mann, der hat zwei Hockeyschläger, die sollen nach einem Hubschrauberabsprung unserem Minister übergeben werden!" Es dauerte nicht lange, bis der Hauptmann, nun mit Verstärkung, unten an die Pforte trat und mir sagte: „Hm – Hm – dabei schaute er zum Himmel und meinte: „Von da oben kommen dann die Sportgeräte zu unserem Minister?" Ich nickte nur und wusste sogleich, dass ich mal wieder nicht ernst genommen wurde. Immer wieder schaute er nach oben zum Himmel, immer ging seine Hand nach oben in Richtung Himmel und hinunter zur Erde und sagte dann zweifelnd: „Von da oben bekommt der Minister die Hockeyschläger überreicht??" Genüsslich nickte ich immer wieder und machte das Spiel mit, dass er glaubte, einen Irren vor sich zu haben. „Ja – Ja – wir nehmen mal die Hockeyschläger an." Dann verschwanden die drei Soldaten in Richtung Kaserneninnenhof. Ich fuhr die ca. 30 km nach Hause. Kaum angekommen, da klingelte da Telefon. Die Chefsekretärin des Ministers hatte angerufen und sagte: „Vor zwei Minuten wurden hier zwei Hockeyschläger für unseren Chef abgegeben". Ich stellte dann sicher, dass diese Hockeystöcke nicht für den Minister persönlich, sondern für seine in Hamburg spielenden Söhne seien. Diese sollten doch bei der Einweihungsfeier mit und durch die Fallschirmspringer, nur übergeben werden.

Dann hörte ich noch durch das Telefon die Ansage: „Die Hockeyschläger sofort zurück nach Mendig zu den Heeresfliegern!"

Und so geschah dann auch alles! Die Fallschirmspringer brachten von ganz oben, 1.500 m Höhe, die Hockeyschläger mit nach unten, salutierten vor ihrem Minister, schlugen die Hacken zusammen und übergaben die Hockeyschläger ihm. Da ich hier unten neben dem Minister stand sagte ich nur ganz schnell: „Diese Schläger sind nicht für sie, Herr Minister, sondern für ihre Söhne in Hamburg!" Volker Rühe sagte dann ebenso so schnell seinen Adjutanten: „Sofort zurücklegen für Hamburg!"

Und so kamen die Hockeystöcke nicht in den offiziellen „Fundus" des Ministerbüros. Aus diesem Bereich darf auch ein Minister sich nichts holen. Und etwas später kam ein Dankesbrief aus Hamburg, so waren die Hockeyschläger dort angekommen, wo sie ursprünglich auch hinsollten.

Unheimlich war es uns plötzlich, als wir mit Susanne und Leo in ihrem Boot zur Mittagsstunde auf dem Starnberger See segelten. Wir hatten richtig große Geschwindigkeit aufgenommen und erfreuten uns des Lebens.

Plötzlich war der rasante Wind einfach weg, unser Boot schaukelte nur noch ein wenig, plötzlich war es total windstill, das Wasser ganz klar und ganz ruhig. Wir standen jetzt auf der Stelle. Eine unheimliche und ängstliche Stimmung hatte uns alle ergriffen. Windstill, plötzlich waren auch die Vögel verstummt. Der Himmel verdunkelt sich für uns alle plötzlich. Wir wussten nicht, was war. Da waren wir alle von einer Sonnenfinsternis überrascht worden und es dauerte sehr, sehr lange, bis wir uns erholt hatten.